HÄKEL-
Quickies

23 BLITZSCHNELLE HÄKELPROJEKTE

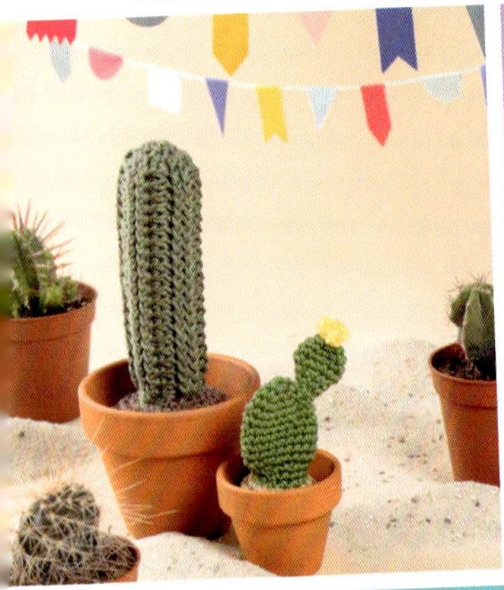
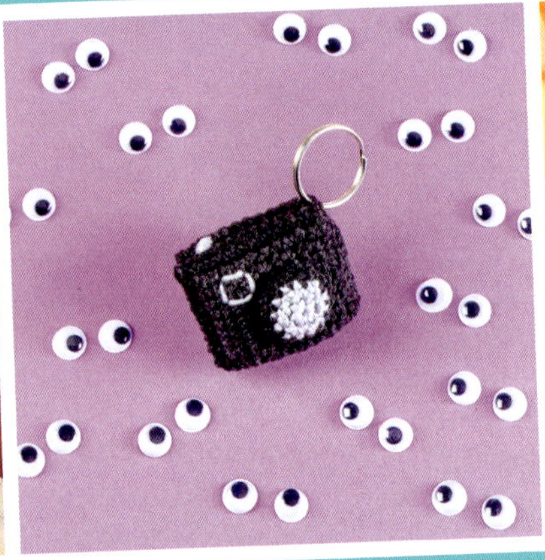
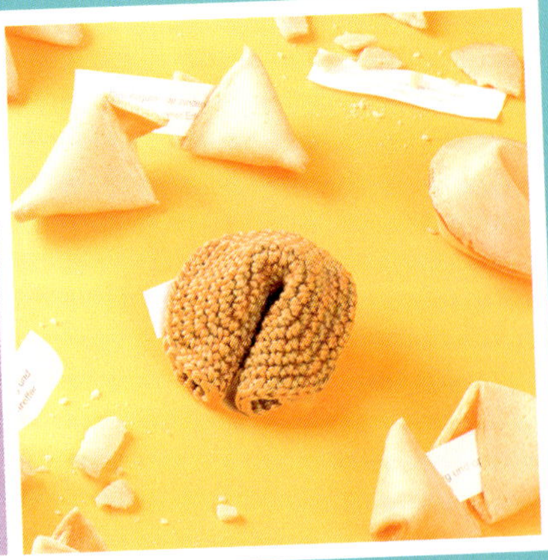
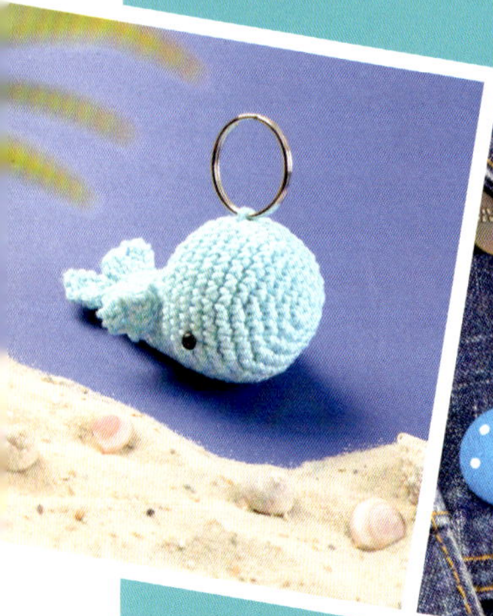
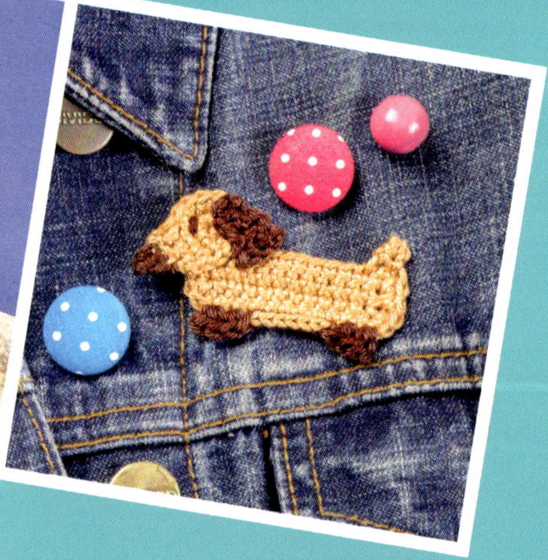

In einer Stunde fertig

HÄKEL-Quickies

23 BLITZSCHNELLE HÄKELPROJEKTE

EMF

EIN BUCH DER
EDITION MICHAEL FISCHER

Inhalt

GRUNDLAGEN 7

Luftmaschen anschlagen 8
Luftmaschenring 9
Magic Ring 10
Feste Maschen 11
Kettmaschen 12
Halbe Stäbchen 13
Stäbchen 14
Reliefmaschen 15
Maschen verdoppeln 15
Maschen abnehmen 16
Maschenglieder 17
Vernähen 17
Farbwechsel in Reihen 18
Farbwechsel in Runden 19
In Reihen häkeln 20
In geschlossenen Runden häkeln 20
In Spiralrunden häkeln 20
Knötchenstich 21
Kettenstich 21
Spannstich 22
Zeichenerklärung 22
Zeitaufwand 22
Abkürzungen 23

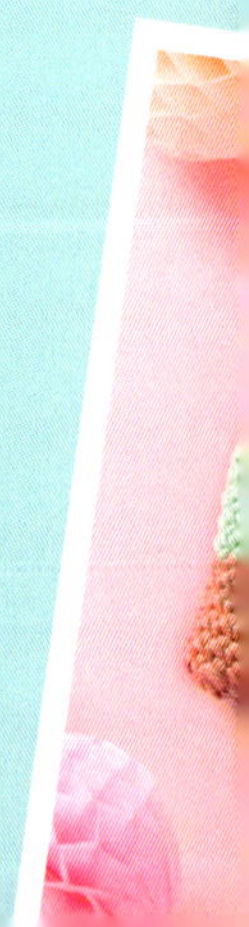

PROJEKTE 25

Wal 26
Patch 29
Mini-Kaktus 32
Säulenkaktus 34
Schlüsselanhänger 36
Glückskeks 39
Glasuntersetzer 42
Kamera 45
Sombrero 48
Wolke 51
Nilpferd 54
Rasselmöwe 58
Knistereis 61
Donut 64
Türstopper 67
Hängeutensilo 70
Knistermelone 73
Avocado 76
Gecko 79
Fuchsutensilo 82
Entdeckerorange 85
Limettenrassel 88
Buchstütze 90

Noch mehr Häkelspaß 94

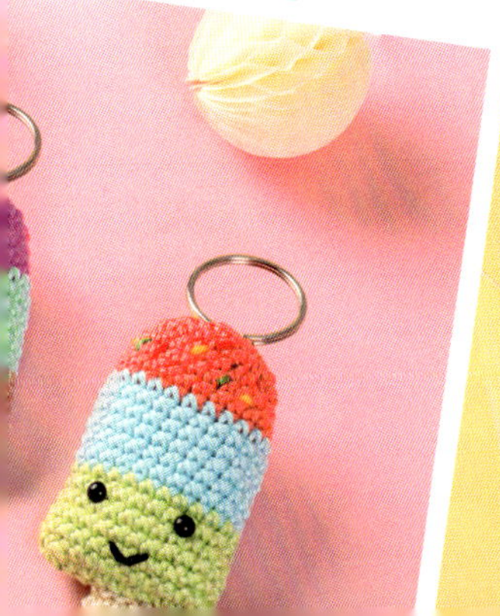

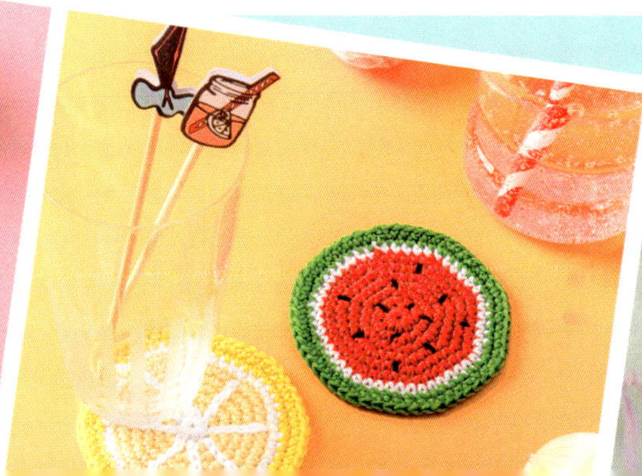

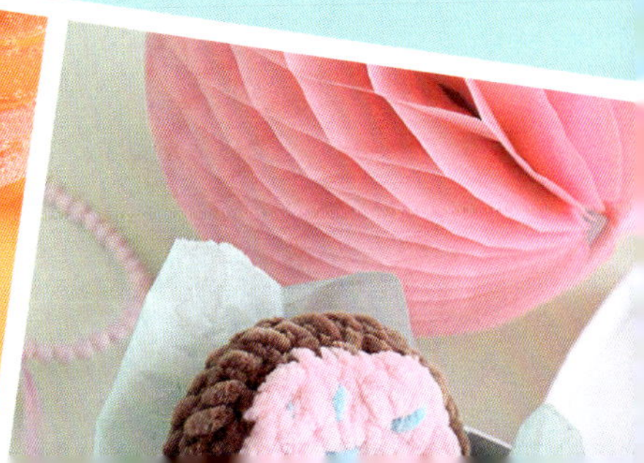

GRUNDLAGEN

LUFTMASCHEN ANSCHLAGEN

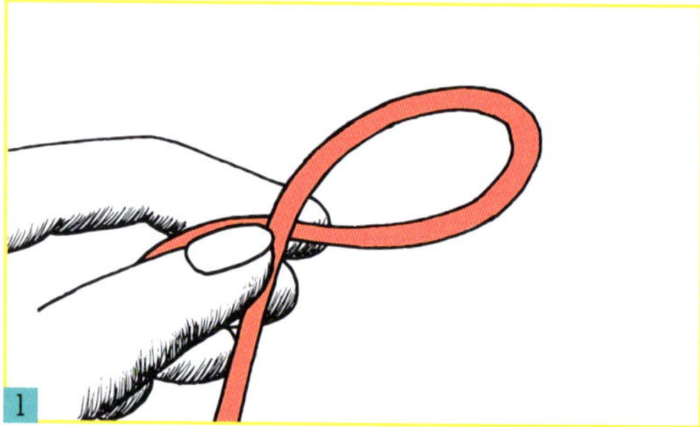

1

Lege den Faden zu einer Schlinge und fixiere ihn mithilfe deines Daumens und Zeigefingers. Der Arbeitsfaden befindet sich unten.

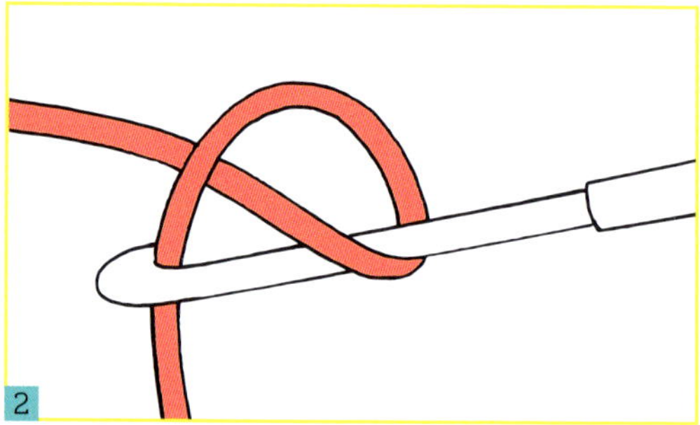

2

Stich nun mit der Nadel durch die Schlaufe und hole den Faden durch die Öffnung.

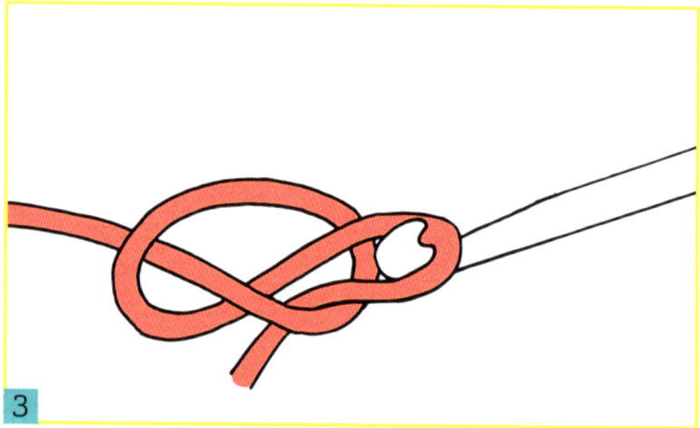

3

Ziehe die so entstandene Schlaufe leicht fest, indem du an beiden Fäden, dem Fadenende und dem Arbeitsfaden, ziehst. So entsteht die Anfangsschlinge, in die du nun weitere Luftmaschen häkeln kannst.

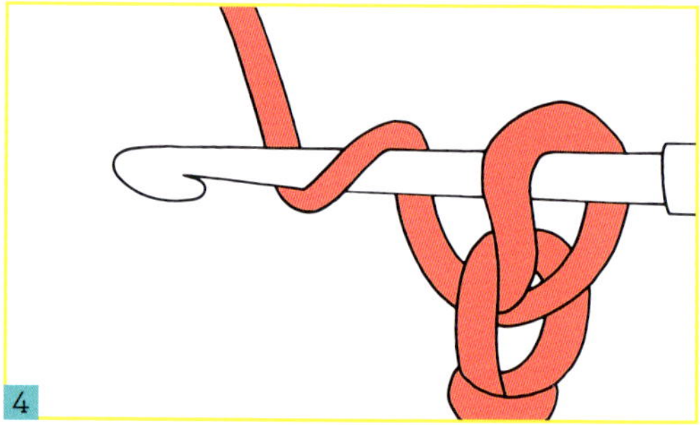

4

Um weitere Luftmaschen anzuschlagen, die Anfangsschlinge gut festhalten, mit der Nadel durch die Schlinge stechen, den Faden holen und wieder durch die Schlinge ziehen. So oft wie nötig wiederholen.

LUFTMASCHENRING

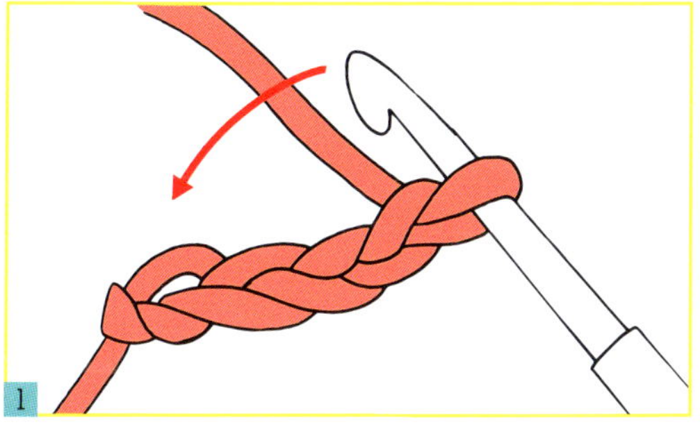

Häkle zunächst so viele Luftmaschen, wie in der Anleitung angegeben.

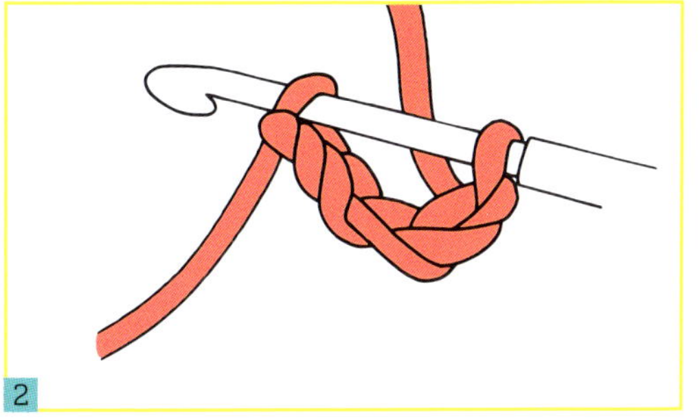

Stich dann in die erste Luftmasche ein …

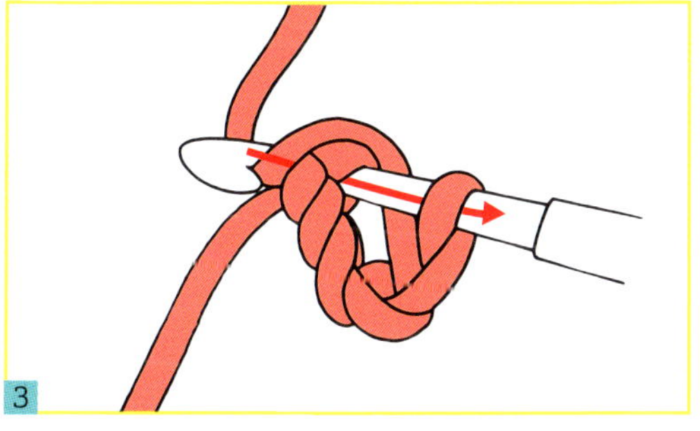

… und hole den Faden durch beide Schlingen. Du hast nun deine Luftmaschenkette mit einer Kettmasche zum Kreis verbunden.

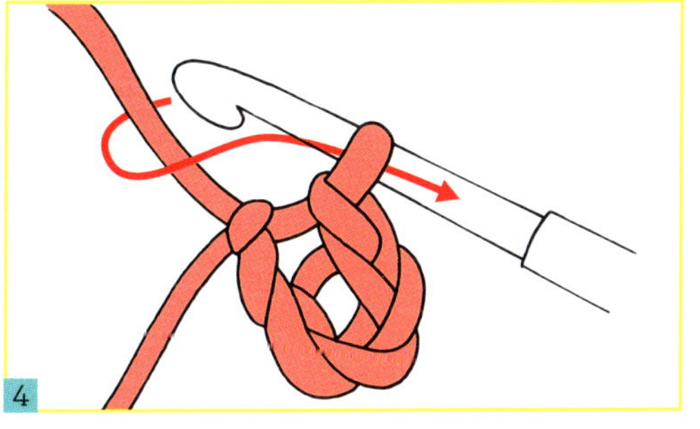

Häkle noch eine Luftmasche, um für die nächste Runde an Höhe zu gewinnen. Bei halben Stäbchen und Stäbchen musst du zwei bzw. drei Luftmaschen für die nächste Runde häkeln. Ab jetzt kannst du die weiteren Maschen der nächsten Runde in den Ring häkeln.

MAGIC RING

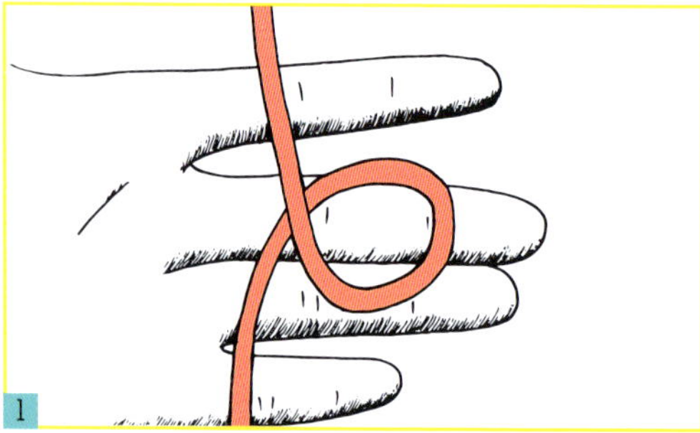

Bilde mit dem Garn eine Schlaufe, wobei das Ende des Fadens nach unten zeigt. Lege den Rest des Garns nach hinten über den Zeigefinger und fixiere das Garn zwischen Ring- und Mittelfinger.

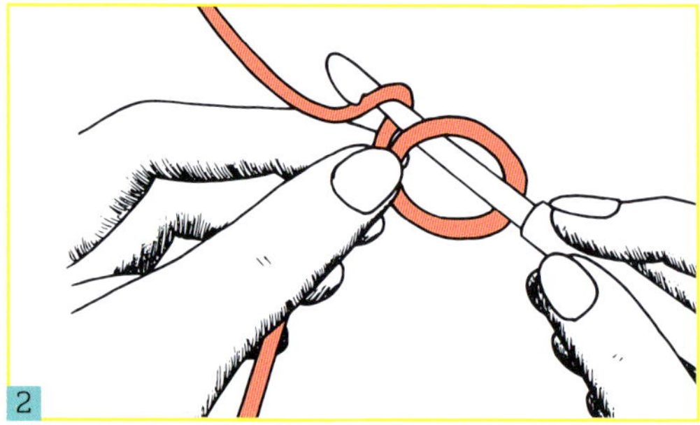

Halte die Schlaufe mit dem Daumen und dem Zeigefinger fest, führe die Nadel durch die Schlaufe, hole den Faden und ziehe diesen durch die Schlaufe.

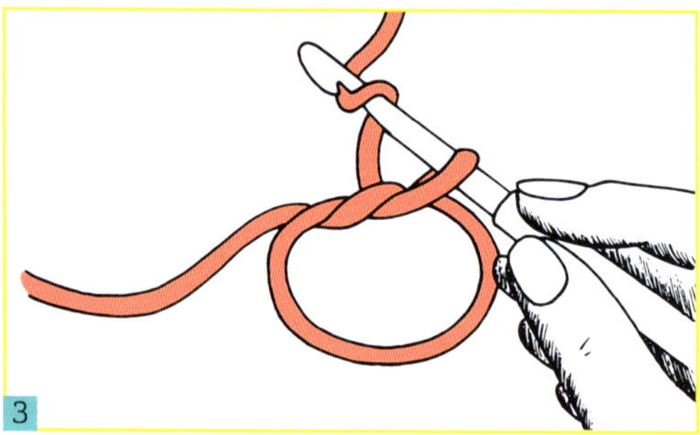

Hole den Arbeitsfaden erneut und ziehe ihn durch die Schlinge. So wird der Ring fixiert.

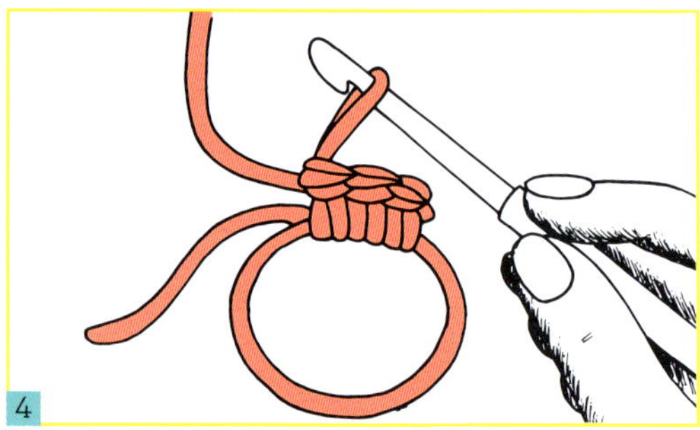

Anschließend können die Maschen direkt in den Ring gehäkelt werden. Ist die gewünschte Anzahl Maschen erreicht, wird der Anfangsfaden festgezogen, sodass sich der Ring zusammenzieht.

FESTE MASCHEN

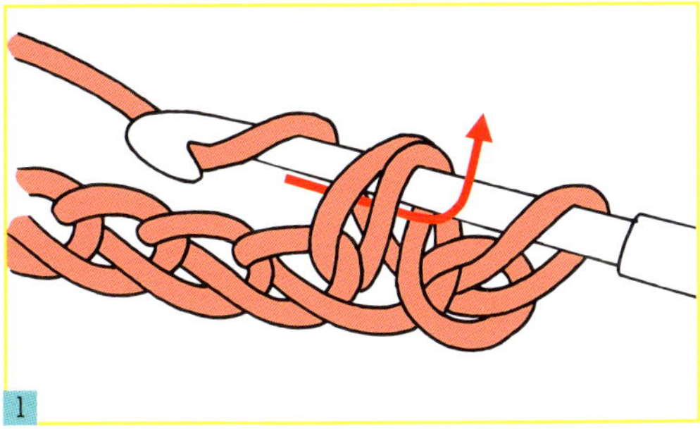

1

Stich mit der Nadel durch die zweite Masche ab der Nadel und hole den Faden. Es befinden sich nun zwei Schlingen auf der Nadel.

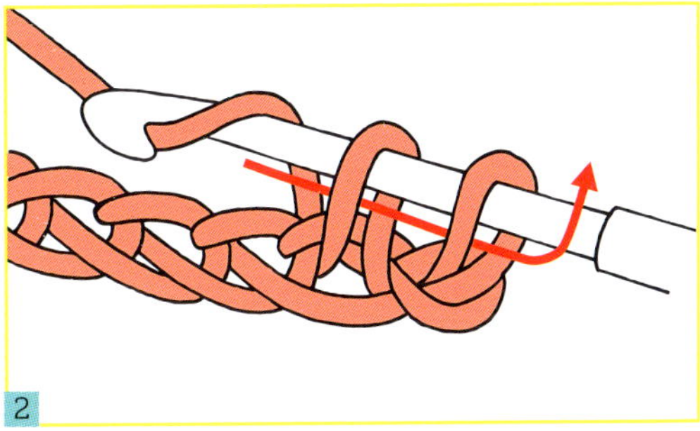

2

Hole den Arbeitsfaden erneut und ziehe ihn durch beide Schlingen auf der Nadel. Nun ist die erste feste Masche entstanden.

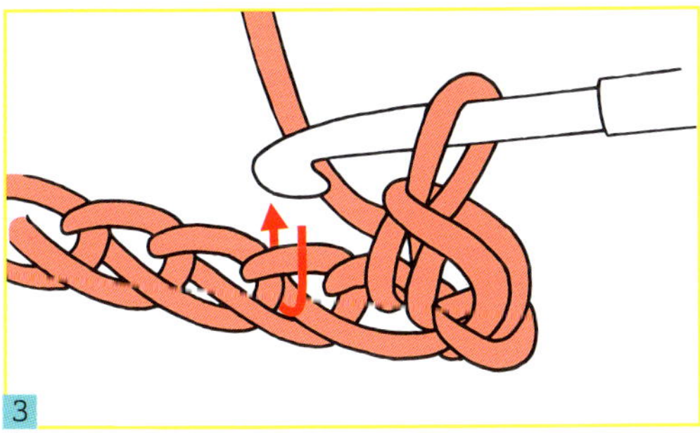

3

In die nächste Einstichstelle stechen und den Vorgang wiederholen.

KETTMASCHEN

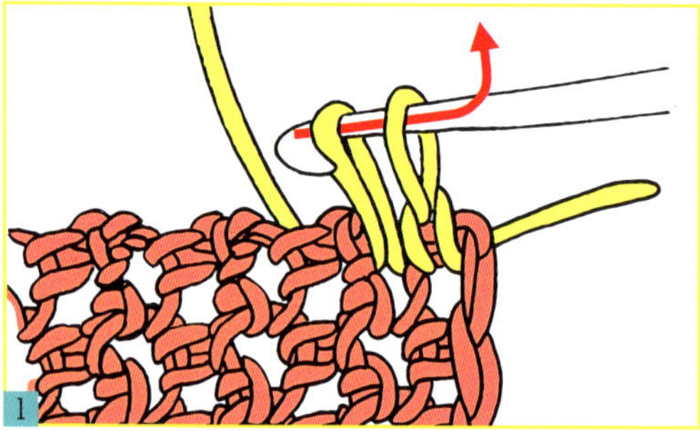

Kettmaschen sind sehr vielfältig. Sie werden nicht nur verwendet, um Kanten zu verzieren, mit ihnen schließt man auch Runden. Um eine Kante zu verzieren, schlinge den Faden an einer Kante des Häkelstücks an. Stich unterhalb der Wendeluftmasche in die folgende Reihe ein, hole den Faden zur Schlinge und ziehe ihn durch die Schlaufe.

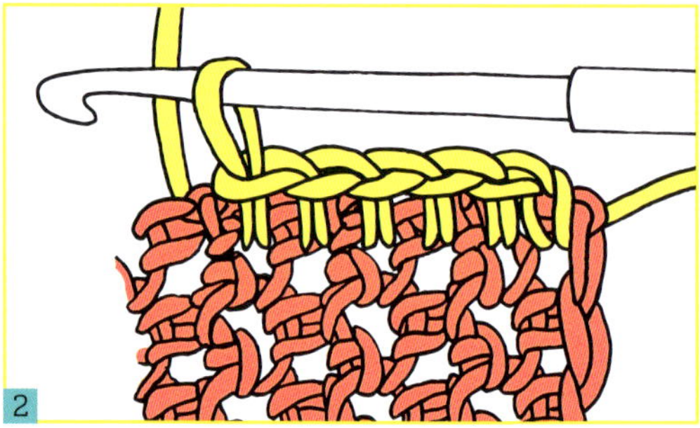

So sieht eine mit Kettmaschen verzierte Abschlusskante aus.

HALBE STÄBCHEN

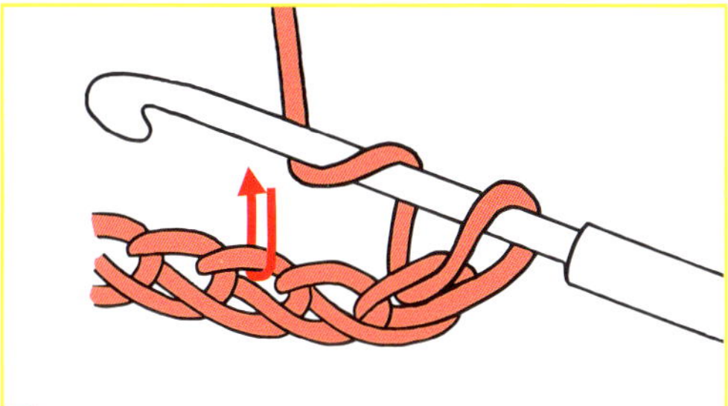

1

Lege den Faden einmal um die Nadel (Umschlag). Stich dann in die dritte Luftmasche ab der Nadel ein ...

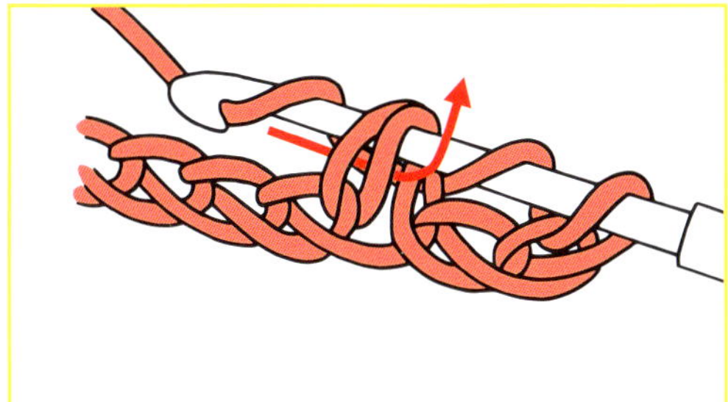

2

... und hole den Faden. Es befinden sich dann drei Schlingen auf der Nadel.

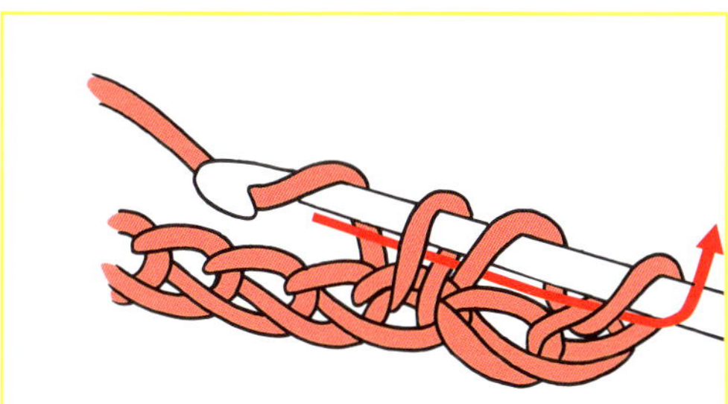

3

Hole den Faden erneut, ziehe ihn durch alle drei auf der Nadel befindlichen Schlingen.

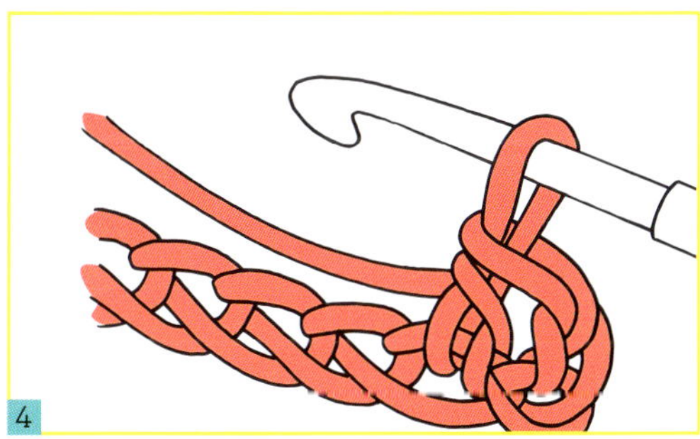

4

So sieht das fertige halbe Stäbchen aus.

STÄBCHEN

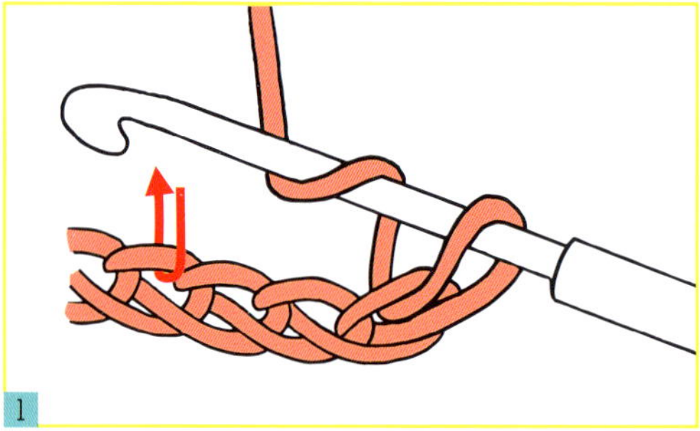

1

Lege den Faden einmal um die Nadel (Umschlag). Stich dann in die vierte Luftmasche ab der Nadel ein ...

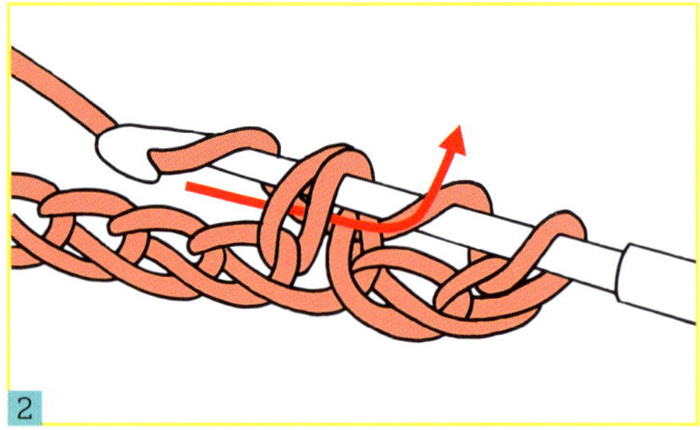

2

... und hole den Faden. Es befinden sich nun drei Schlingen auf der Nadel.

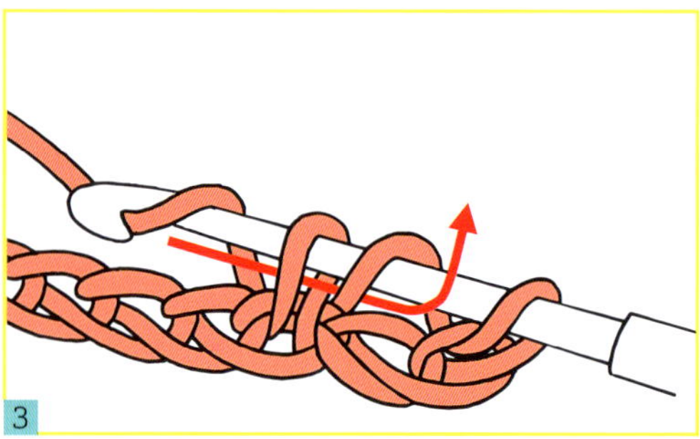

3

Hole den Faden erneut und ziehe ihn durch die ersten beiden Schlingen auf der Nadel. Es liegen nun noch zwei Schlingen auf der Nadel.

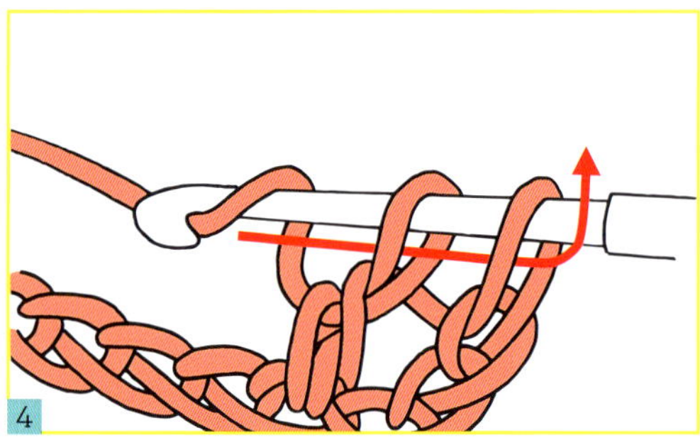

4

Den Faden wieder holen und durch die letzten beiden Schlingen ziehen. Nun ist das erste Stäbchen entstanden.

RELIEFMASCHEN

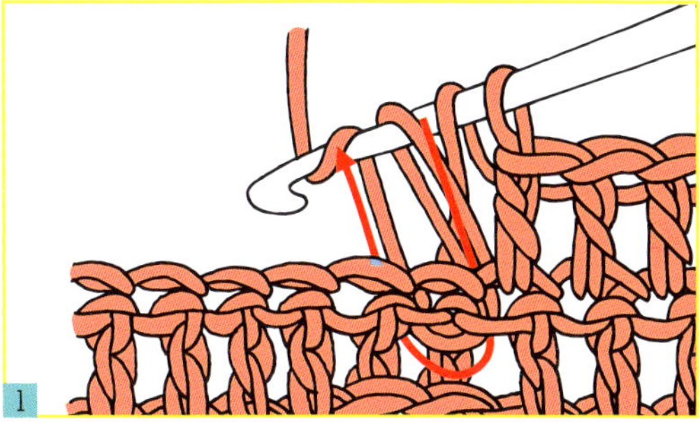

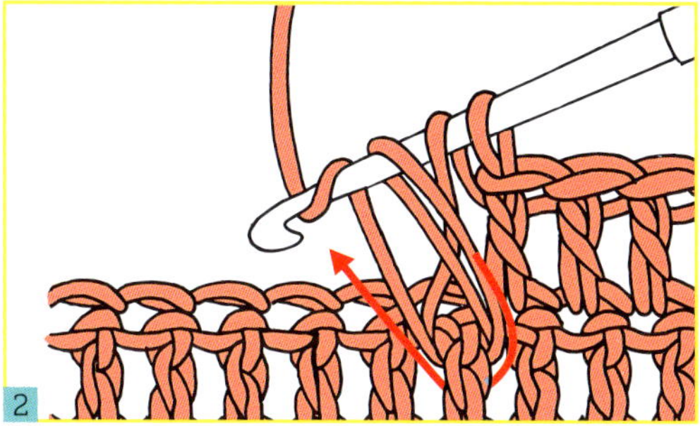

Reliefmaschen können mit allen Arten von Maschen angefertigt werden. Hier wird ein Reliefstäbchen von hinten gezeigt. Arbeite die Umschläge wie gewohnt und stich dann statt in beide Maschenglieder von hinten nach vorn um den Maschenkörper der Vorreihe herum.

Hier wird ein Reliefstäbchen von vorn gezeigt. Arbeite die Umschläge wie gewohnt und stich dann statt in beide Maschenglieder von vorn nach hinten um den Maschenkörper der Vorreihe herum. In diesem Buch werden häufig halbe Reliefstäbchen verwendet. Hierfür fertigst du einfach nur einen Umschlag an, bevor du um den Maschenkörper herumstichst.

MASCHEN VERDOPPELN

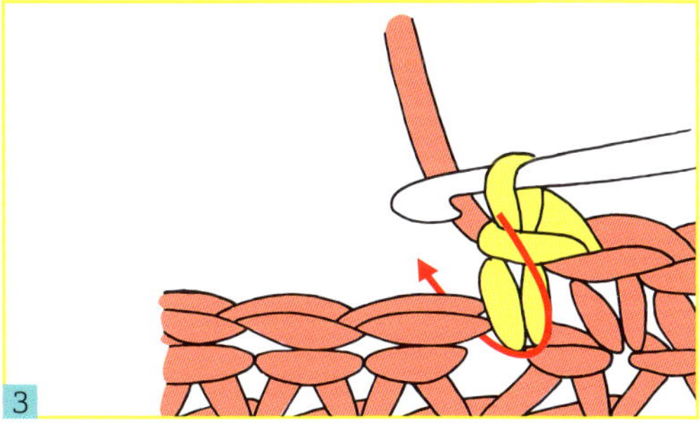

Um Maschen jeglicher Art zu verdoppeln, wird einfach in eine Einstichstelle zweimal eingestochen. Die Masche dann wie gewohnt häkeln.

MASCHEN ABNEHMEN

Feste Maschen abnehmen

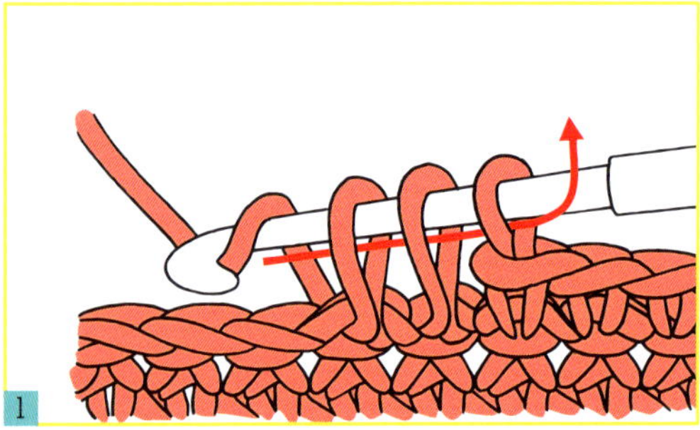

Um Maschen abzunehmen, werden diese zusammen abgemascht. Bei festen Maschen wie folgt vorgehen: Die Nadel wie beim Häkeln einer festen Masche durch die folgende Masche ziehen und den Faden holen, diese feste Masche jedoch nicht beenden. Nun in die folgende Masche einstechen und erneut den Faden holen. Es liegen drei Schlingen auf der Nadel. Den Faden erneut holen und durch alle drei Schlingen ziehen. Die Maschenzahl hat sich somit um eine feste Masche verringert.

Stäbchen abnehmen

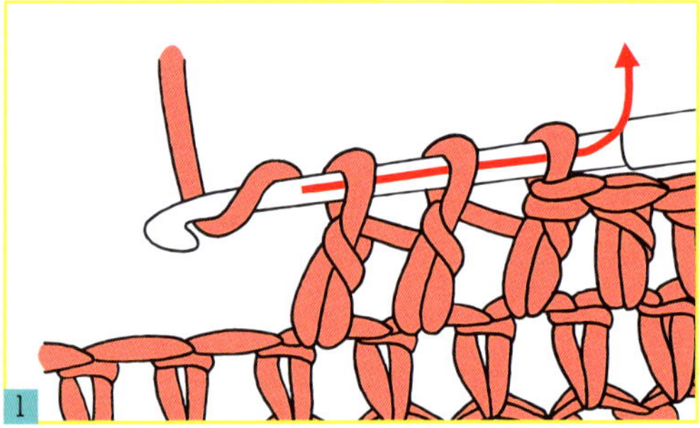

Um zwei Stäbchen zusammen abzumaschen, zunächst das erste Stäbchen wie gewohnt häkeln, jedoch die letzten beiden Schlingen auf der Nadel belassen. Nun erneut den Anfang eines Stäbchens häkeln, also den Faden holen (Umschlag) und durch die nächste Masche ziehen. Den Faden erneut holen und durch die ersten beiden Schlingen auf der Nadel ziehen. Es liegen nun drei Schlingen auf der Nadel. Hole den Faden erneut und ziehe ihn durch alle drei Schlingen.

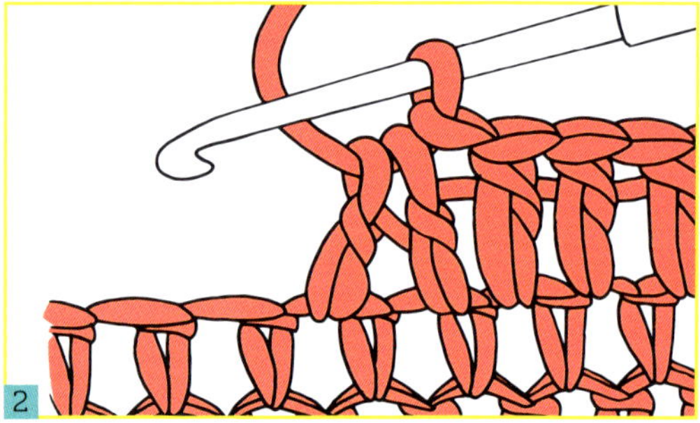

Nun wurde die Maschenzahl um eine Masche verringert. Zwei Stäbchen wurden zusammen abgemascht.

Halbe Stäbchen abnehmen

1 Um halbe Stäbchen zusammen abzumaschen, beginne ein halbes Stäbchen zu häkeln: Mache einen Umschlag, stich in die nächste Masche ein und hole den Faden. Es liegen nun drei Schlingen auf der Nadel.

2 Mache erneut einen Umschlag, stich in die folgende Masche ein und hole den Faden. Es liegen nun fünf Schlingen auf der Nadel.

3 Mache noch einen Umschlag und ziehe den Faden durch alle fünf Schlingen.

MASCHENGLIEDER

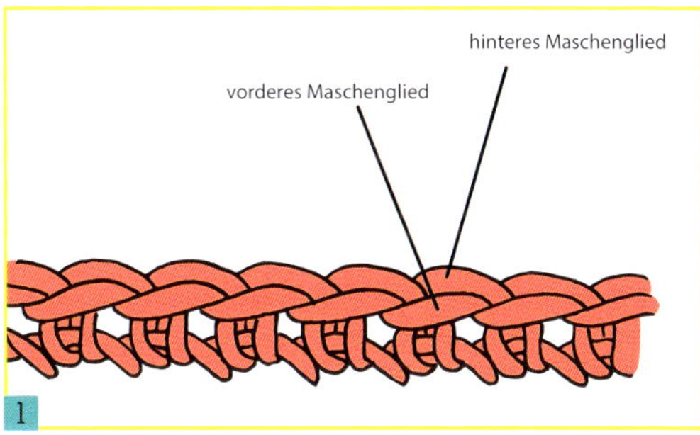

Manchmal soll nur in ein Maschenglied gehäkelt werden. Hier siehst du, wo sich das vordere bzw. das hintere Maschenglied befindet. Fürs Einstechen ins vordere Maschenglied stichst du von vorn unterhalb dieses Fadens ein und kommst zwischen vorderem und hinterem Maschenglied hoch. Fürs Einstechen ins hintere Maschenglied stichst du von oben zwischen beiden Gliedern ein und kommst hinter der Arbeit heraus.

VERNÄHEN

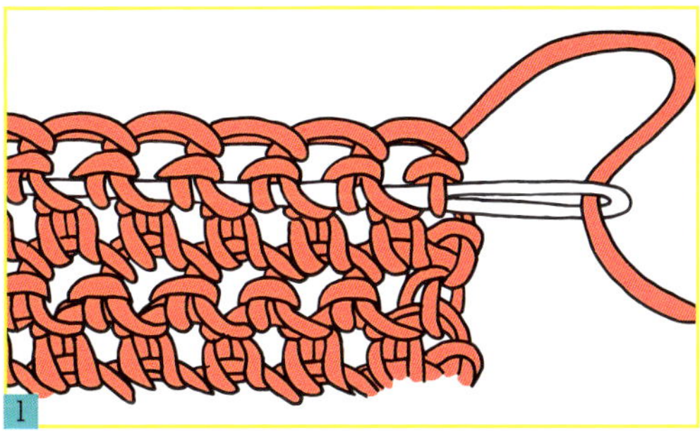

Um Fäden unsichtbar zu vernähen, fädle den Endfaden in eine Vernähnadel und ziehe die Nadel durch die Maschen auf der Rückseite deiner Arbeit. Schneide den Faden im Anschluss ab.

FARBWECHSEL IN REIHEN

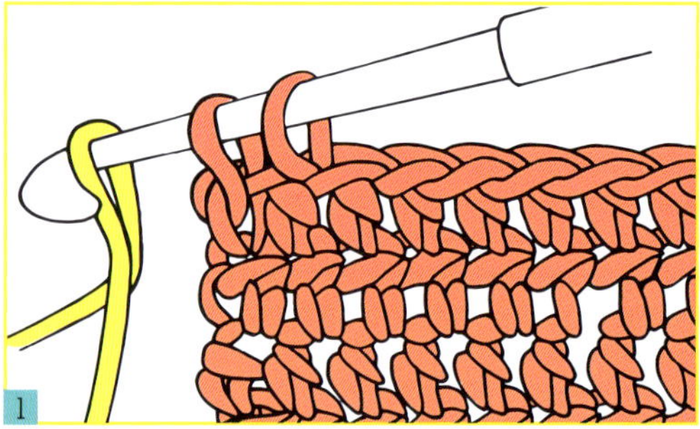

1

Häkle deine Reihe bis zum Ende, masche deine letzte Masche jedoch nicht mit der alten Farbe, sondern mit der neuen Farbe ab. Dazu schlingst du die neue Farbe an …

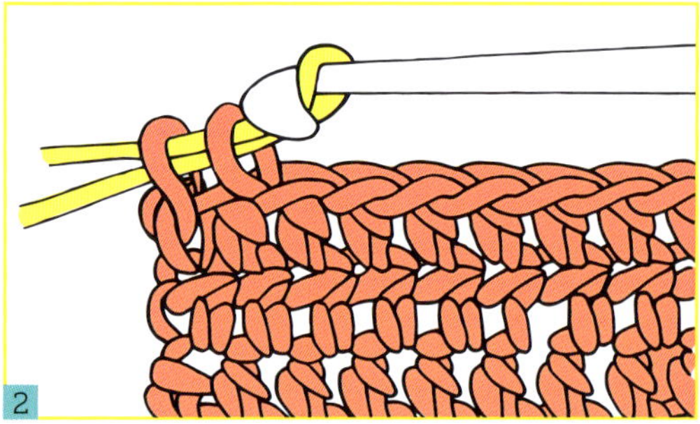

2

… und ziehst den Faden durch die letzten beiden Schlingen der letzten Masche. Mit dieser neuen Farbe kann nun die erste Steigeluftmasche für die nächste Reihe gehäkelt werden.

FARBWECHSEL IN RUNDEN

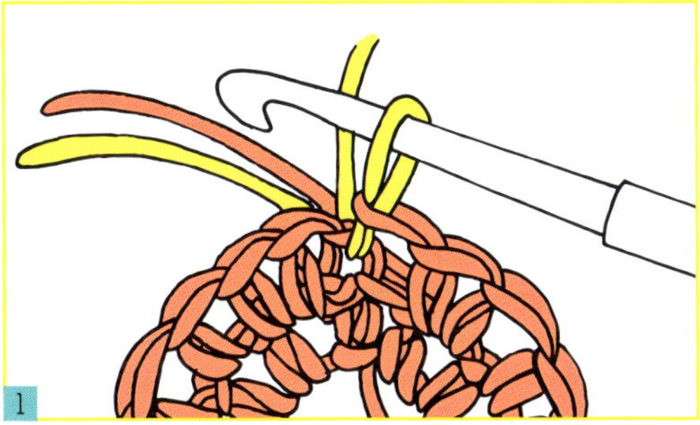

Soll nach Abschluss einer Runde mit einer neuen Farbe weitergehäkelt werden, nimm den neuen Faden auf und bilde – je nach Art der Masche – eine (feste Maschen, halbe Stäbchen) oder zwei (Stäbchen) Luftmaschen.

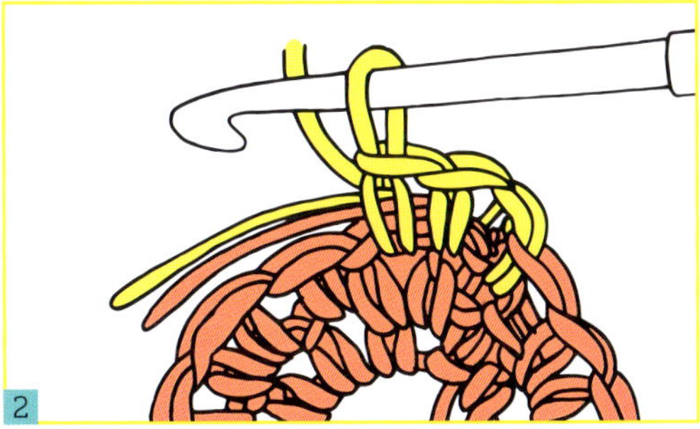

Die erste Masche stichst du in dieselbe Einstichstelle wie die Luftmasche und die Kettmasche. Du hast die Runde nun ohne Versatz weitergehäkelt.

IN REIHEN HÄKELN

Den Anfang für das Häkeln in Reihen bildet in der Regel eine Luftmaschenkette. Alle Maschen der 1. Reihe werden auf diese Luftmaschenkette gehäkelt. Nach jeder Reihe wird die Arbeit gewendet. Als Ersatz für die 1. Masche der nächsten Reihe wird eine bestimmte Anzahl Steigeluftmaschen gehäkelt, damit die entsprechende Arbeitshöhe für die folgenden Maschen erreicht wird. Für ein halbes Stäbchen sind 2 Luftmaschen, für ein Stäbchen 3 Luftmaschen, für ein Doppelstäbchen 4 Luftmaschen usw. erforderlich. Die gehäkelten Steigeluftmaschen zählen als 1. halbes Stäbchen/Stäbchen/Doppelstäbchen usw. Eine Ausnahme bilden feste Maschen. Am Anfang einer Reihe aus festen Maschen wird eine Luftmasche zusätzlich gehäkelt, diese wird jedoch nicht als feste Masche gezählt und Wendeluftmasche genannt.

IN GESCHLOSSENEN RUNDEN HÄKELN

Die 1. Runde einer Arbeit kann in einen Luftmaschenring oder in einen Magic Ring gehäkelt werden. Für den Rundenanfang gelten die gleichen Angaben wie beim Häkeln in Reihen, das heißt, die 1. Masche wird durch die entsprechende Anzahl Luftmaschen ersetzt bzw. wird vor einer festen Masche am Rundenanfang eine Luftmasche zusätzlich gehäkelt. Jede Runde wird am Ende durch eine Kettmasche in die oberste Steigeluftmasche bzw. in die 1. feste Masche geschlossen.

IN SPIRALRUNDEN HÄKELN

Die 1. Runde wird wie beim Häkeln in geschlossenen Runden ausgeführt. Diese wird jedoch nicht mit einer Kettmasche geschlossen. Für die folgende und alle weiteren Runden kann übergangslos weitergehäkelt werden. Hierbei ist es ratsam, den Rundenanfang stets mit einem Kontrastfaden zu markieren.

KNÖTCHENSTICH

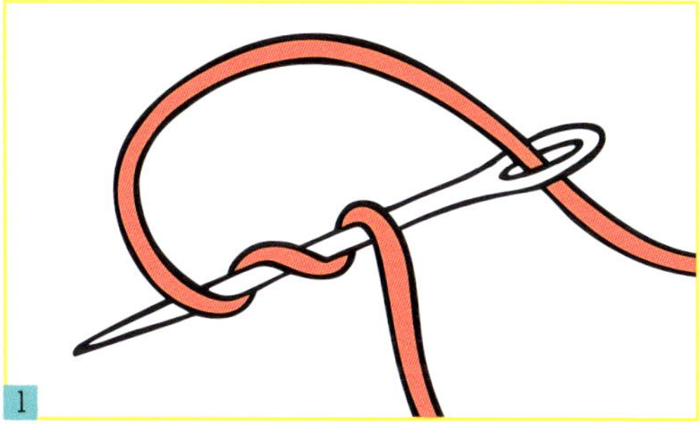

1

Den Faden mehrmals um die Nadel wickeln …

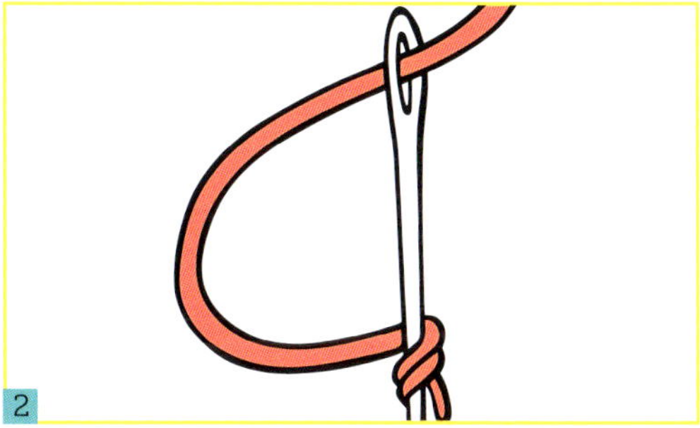

2

… in die Einstichstelle einstechen und den Faden fixieren.

KETTENSTICH

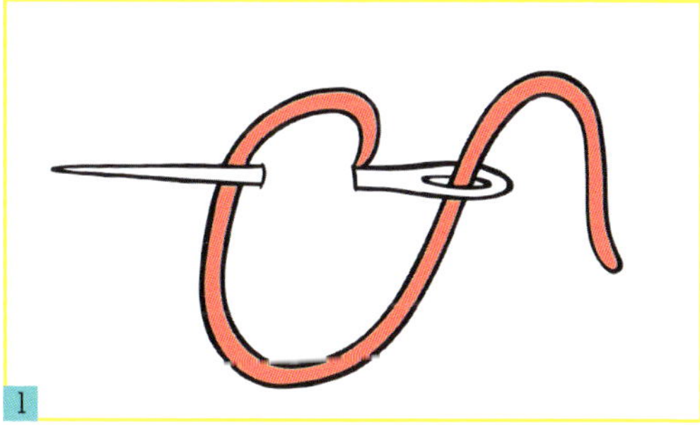

1

Neben der Ausstichstelle einstechen und eine Stichlänge später wieder ausstechen. Den Faden unter der Nadel hindurchführen und die Nadel herausziehen.

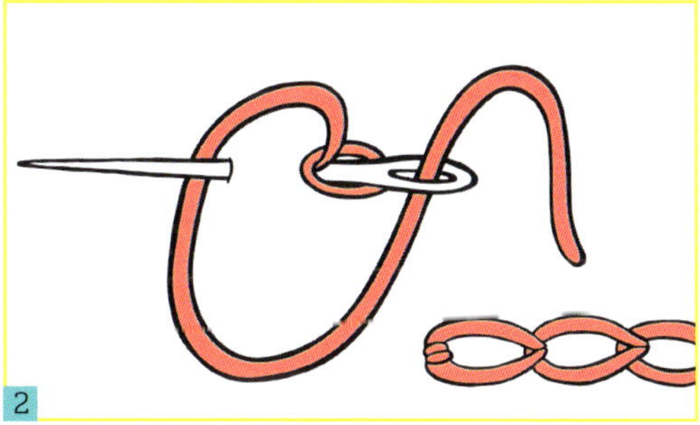

2

Nun Schritt 1 beliebig oft wiederholen. Soll die Kette beendet werden, zum Schluss einfach hinter der zuletzt gebildeten Schlaufe einstechen.

SPANNSTICH

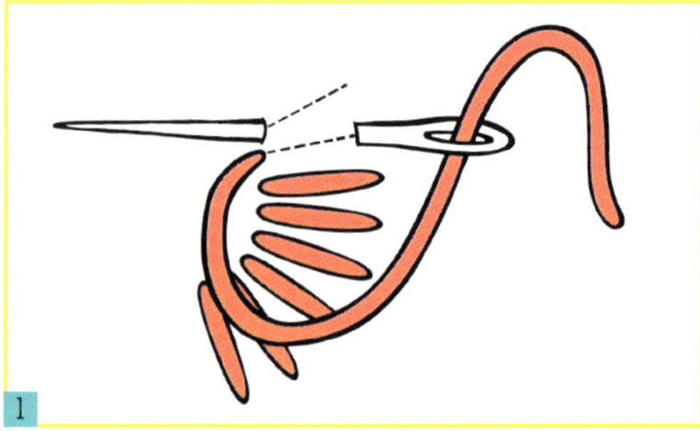

1

Spannstiche werden genauso ausgeführt wie Vorstiche. Das heißt, man sticht an einer Stelle ein und eine Stichlänge später wieder aus. In der Regel werden mehrere Spannstiche nebeneinander ausgeführt, so entsteht ein dichtes Gewebe.

ZEICHENERKLÄRUNG

- • = Luftmasche
- ⌒ = Kettmasche
- | = feste Masche
- T = halbes Stäbchen
- T = Stäbchen
- 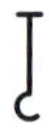 = halbes Reliefstäbchen hinten
-  = halbes Reliefstäbchen vorn

ZEITAUFWAND

 Häkelt sich schneller als der Blitz!

 In ein bis zwei Stunden fertig gehäkelt.

 An einem Abend fertig gehäkelt.

ABKÜRZUNGEN

abn/Abn = abnehmen/Abnahme(n)

anschl = anschlagen

Fb = Farbe(n)

fM = feste Masche(n)

hRStbh = halbe(s) Reliefstäbchen ins hintere Maschenglied

hRStbv = halbe(s) Reliefstäbchen ins vordere Maschenglied

hStb = halbe(s) Stäbchen

ihM = ins hintere Maschenglied

ivM = ins vordere Maschenglied

Km = Kettmasche(n)

LL = Lauflänge

Lm = Luftmasche(n)

M = Masche(n)

Nd = Nadel

R = Reihe(n)

Rd = Runde(n)

Stb = Stäbchen

U = Umschlag

wdh/Wdh = wiederholen/Wiederholung(en)

zun/Zun = zunehmen/Zunahme(n)

zus = zusammen

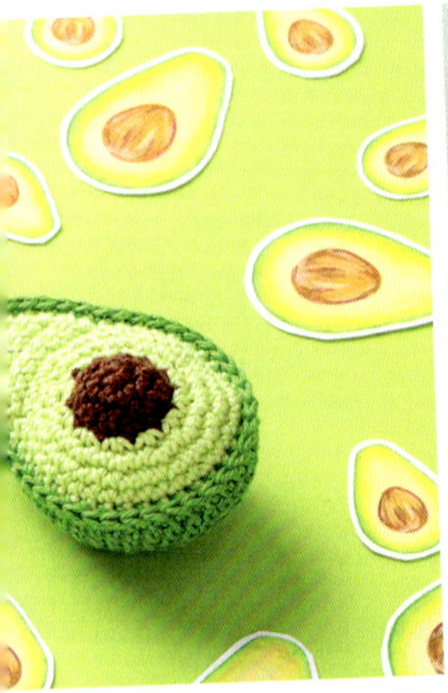

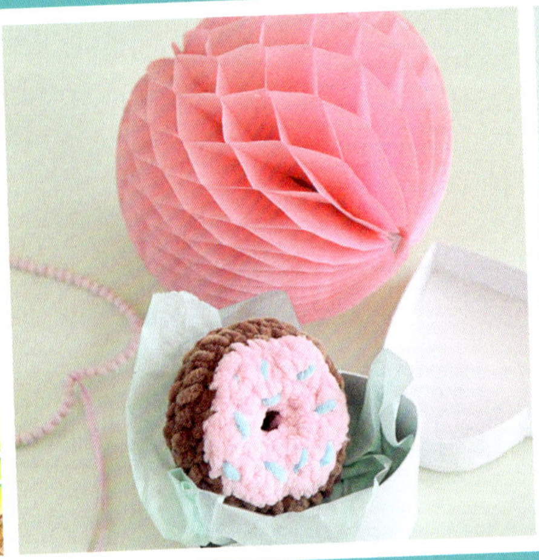

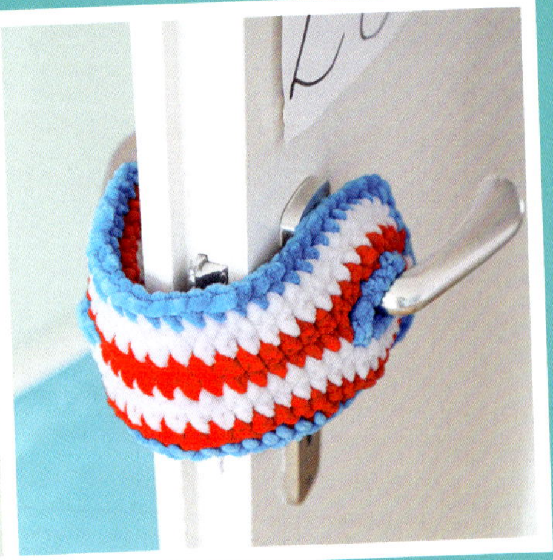

PROJEKTE

Qual der Wahl

WAL

Schlüsselanhänger, der Lust auf Meer macht!

Zeitaufwand

GRÖSSE

ca. 8 cm lang

MATERIAL

- Woll Butt Camilla (100 % Baumwolle, LL 125 m/50 g) in Aqua, Rest
- Häkelnadel 3,0 mm
- 2 schwarze Kunststoffaugen mit Ösen zum Annähen, ø 3 mm
- Füllwatte
- Vernähnadel
- 1 Schlüsselring

SO WIRD'S GEMACHT

Den Wal samt Schwanzflosse häkeln, anschließend die Bauchflossen einzeln häkeln und annähen.

Den Körper in Spiral-Rd von vorn nach hinten häkeln und währenddesen nach und nach mit Füllwatte stopfen. Anschließend die Schwanzflosse in R arbeiten. Die Bauchflossen ebenfalls in R arbeiten. Beim Häkeln in R jede R mit 1 Wende-Lm beginnen.

WALKÖRPER

Einen Magic Ring legen und wie folgt häkeln:

1. Rd: 6 fM.

2. Rd: Jede M verdoppeln (= 12 fM).

3. Rd: Jede 2. M verdoppeln (= 18 fM).

4. Rd: Jede 3. M verdoppeln (= 24 fM).

5. Rd: Jede 4. M verdoppeln (= 30 fM).

6.–11. Rd: fM häkeln.

12. Rd: Je 1 fM in die ersten 6 M, * 2 M zushäkeln, 1 fM *, von * bis * noch 5x wdh, je 1 fM in die letzten 6 M (= 24 fM).

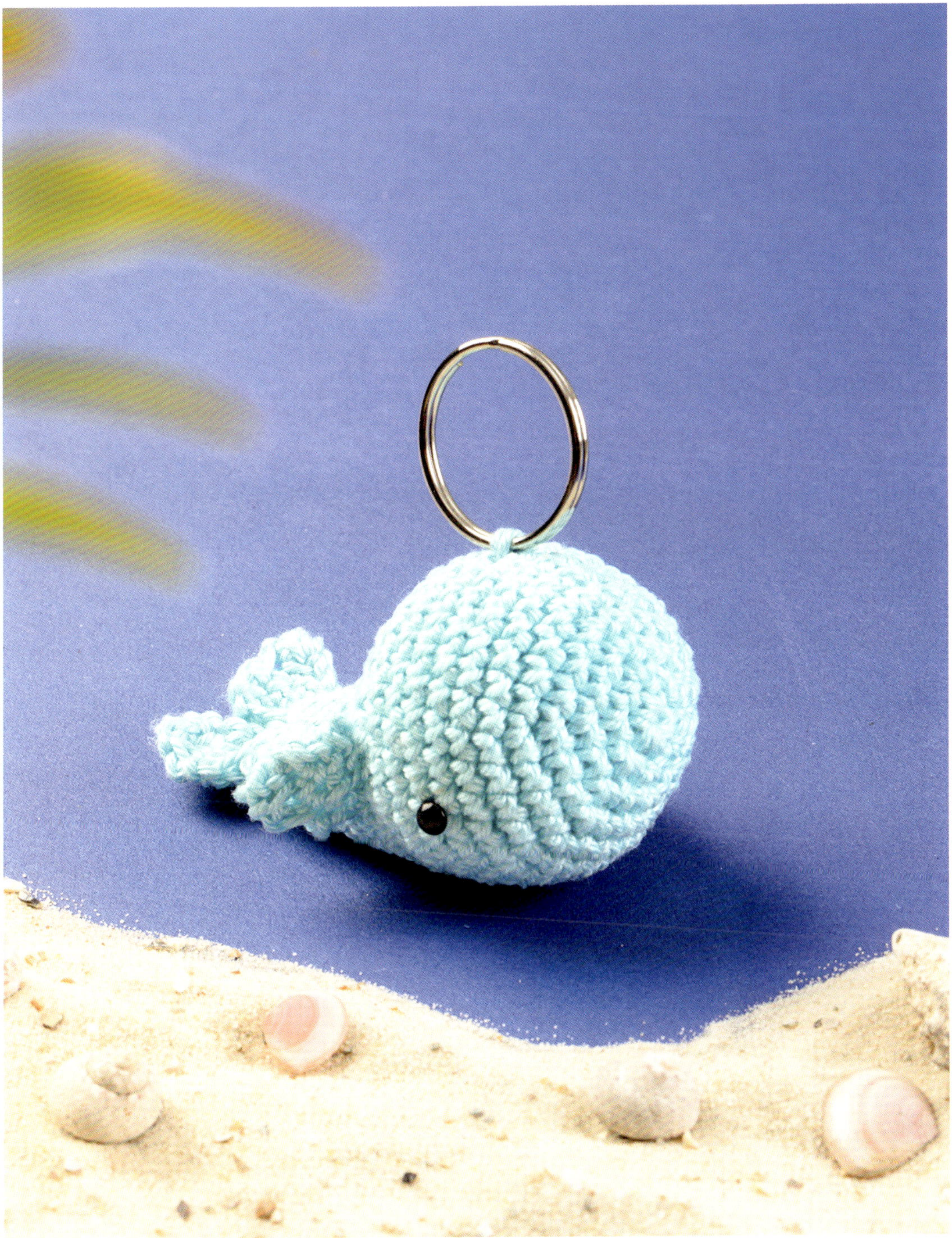

13. Rd: fM häkeln.

14. Rd: Je 1 fM in die ersten 6 M, * 2 M zushäkeln, 1 fM *, von * bis * noch 3x wdh, je 1 fM in die letzten 6 M (= 20 fM).

15. Rd: fM häkeln.

16. Rd: Je 1 fM in die ersten 5 M, 5x je 2 fM zushäkeln, je 1 fM in die letzten 5 M (= 15 fM).

17. und 18. Rd: fM häkeln.

19. Rd: Jede 2. und 3. M zushäkeln (= 10 fM).

20. Rd: fM häkeln. Dann die M der letzten Rd flach aufeinanderlegen und mit 4 fM zusammenhäkeln, dabei die letzten beiden Rd nur noch leicht mit Füllwatte füllen, damit der Körper zur Schwanzflosse hin flach ausläuft. Nun die Arbeit wenden und für die Schwanzflosse wie folgt in R weiterhäkeln:

1. R: Jede M verdoppeln (= 8 fM).

2. R: fM häkeln.

3. R: 3 fM, 2 fM zushäkeln und wenden. Ab hier zuerst den rechten Teil der Schwanzflosse beenden (= 3 fM).

4. R: 2 fM zushäkeln, 1 fM (= 2 fM). Den Faden abschneiden.

Für den linken Teil der Schwanzflosse den Faden an der viertletzten M der 2. R neu anschlingen und diesen Teil gegengleich zum rechten Teil häkeln, also die ersten beiden fM der 3. Rd und die letzten beiden fM der 4. R zushäkeln.

Den Faden abschneiden.

BAUCHFLOSSE (2X ARBEITEN)

4 Lm anschlagen und wie folgt in R häkeln:

1. R: Ab der 2. Lm nach der Nd fM häkeln (= 3 fM).

2. R: fM häkeln, dabei die 1. fM überspringen (= 2 fM).

3. R: Wie die 2. Rd häkeln (= 1 fM).

Den Faden lang abschneiden.

Fertigstellen

Die Bauchflossen in Höhe der 11. und 12. Rd jeweils beidseitig der Abn annähen. Die Augen ca. 1cm vor den Bauchflossen und den Schlüsselring in der oberen Rückenmitte annähen.

Für den Dackelblick

PATCH

Schöner als mit diesem Dackel kann man seine Jacke nicht verzieren!

Zeitaufwand

GRÖSSE

ca. 6 x 3cm

MATERIAL

- Woll Butt Camilla (100% Baumwolle, LL 125m/50g) in Karamell und Schoko, je Reste
- Häkelnadel 3,0mm
- Vernähnadel

SO WIRD'S GEMACHT

Den Körper in Rd um die zu Beginn angeschlagene Lm-Kette häkeln. Den Kopf in Spiral-Rd häkeln. Das Ohr in R häkeln, dabei jede R mit 1 Wende-Lm beginnen.

KÖRPER MIT BEINEN UND SCHWANZ

Am Anfangspfeil A beginnend, in Karamell 13 Lm anschl und um die Lm-Kette in Rd laut Häkelschrift (S. 30), stets den Richtungspfeilen folgend, häkeln:

1. Rd: Ab der 2. Lm nach der Nd in jede Lm 1 fM häkeln, dann auf der gegenüberliegenden Seite der Lm-Kette in die noch freien M-Glieder ebenfalls je 1 fM häkeln und die Rd mit 1 Km in die 1. M schließen (= 24 fM).

2. Rd: 1 Lm zusätzlich, 2 fM in die 1. fM, je 1 fM in die folgenden 10 fM, je 2 fM in die folgenden beiden fM, je 1 fM in die folgenden 10 fM, 2 fM in die letzte fM (= 28 fM), dann die Rd mit 1 Km in die 1. M schließen.

Für den Schwanz je 1 Km in die folgenden 2 fM häkeln, dann 3 Lm anschl, je 1 fM in die 2. und 3. Lm von der Nd aus häkeln und 1 Km in die folgende fM des Körpers. Den Faden abschneiden.

Für die Beine in Schoko den Faden von der Rückseite aus mit 1 Km am Anfangspfeil B neu anschlingen und je 2 hStb in diese und die folgende M häkeln, dabei das 1. hStb durch 2 Steige-Lm ersetzen. Dann in die folgenden 7 fM je 1 Km und in die nächsten beiden fM je 2 hStb häkeln.

Den Faden abschneiden.

KOPF

In Karamell einen Magic Ring legen und wie folgt häkeln:

1. Rd: 6 fM.

2. Rd: Jede M verdoppeln (= 12 fM).

Dann in die nächsten 4 M je 1 fM häkeln, die Arbeit wenden und wie folgt in R weiterhäkeln, dabei am Anfang jeder R 1 Wende-Lm arbeiten:

1. R: fM häkeln, dabei die 1. fM überspringen (= 3 fM).

2. R: Zu Schoko wechseln, fM häkeln, dabei die 1. fM überspringen (= 2 fM).

3. R: fM häkeln, dabei die 1. fM überspringen (= 1 fM).

Den Faden abschneiden.

OHR

In Schoko 4 Lm anschl und wie folgt in R häkeln:

1. R: Ab der 2. Lm nach der Nd fM häkeln (= 3 fM).

2. R: fM häkeln, dabei die 1. fM überspringen (= 2 fM).

3. R: Wie die 2. R häkeln (= 1 fM).

Den Faden lang abschneiden.

Fertigstellen

Das Ohr an den Kopf und diesen an den Körper nähen, dabei in Schoko das Auge mit 2 kleinen Spannstichen aufsticken.

HÄKELSCHRIFT

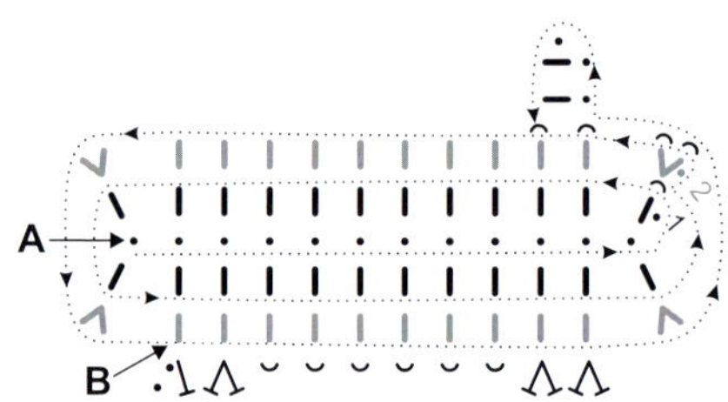

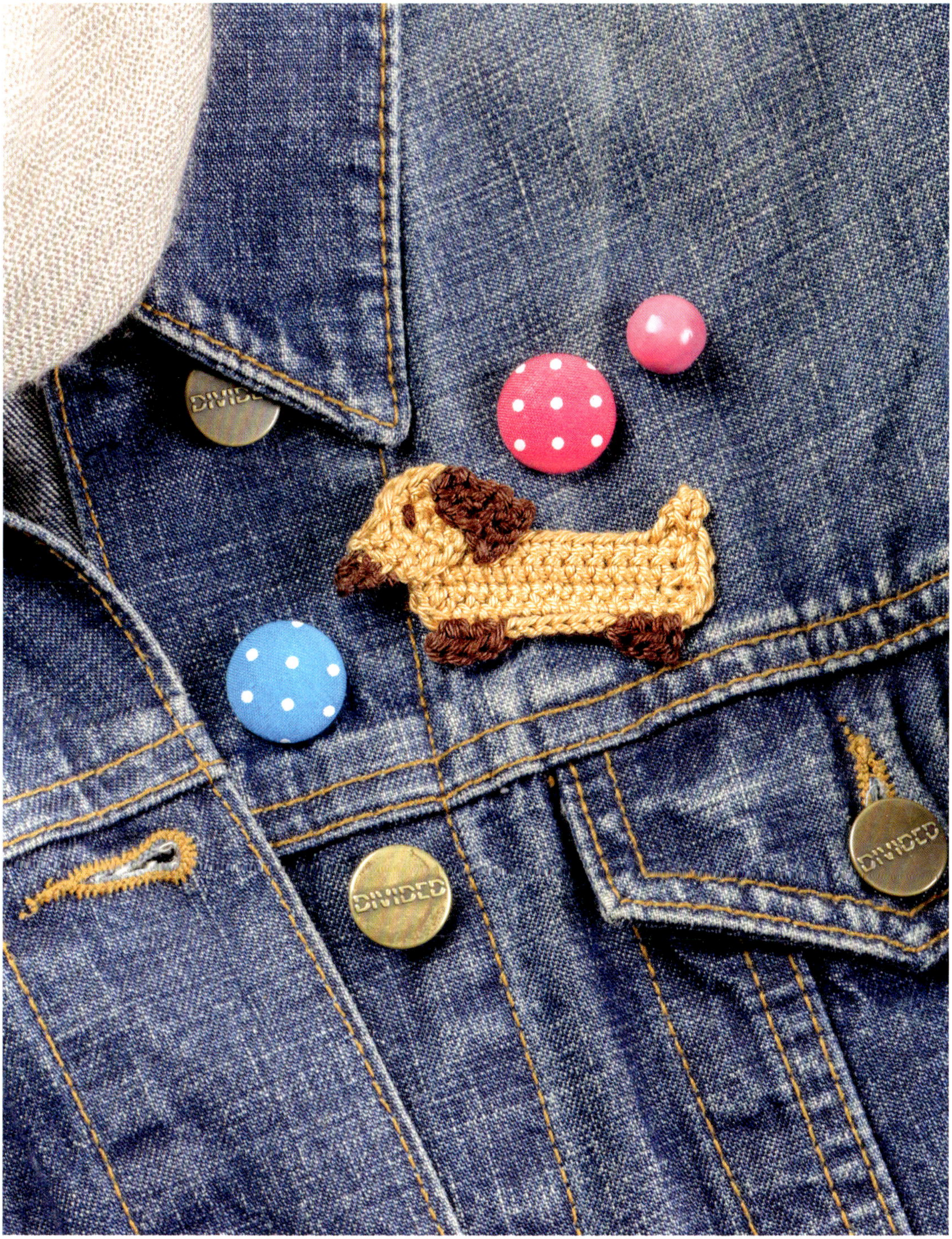
DIVIDED
DIVIDED

Can't Touch this

MINI-KAKTUS

Keinen grünen Daumen? Ein Glück, dass dieses Exemplar komplett ohne Pflege auskommt!

Zeitaufwand

GRÖSSE

ca. 8 cm hoch (ohne Topf)

MATERIAL

- Woll Butt Camilla (100 % Baumwolle, LL 125 m/50 g) in Grün, Karamell und Gelb, je Reste
- Häkelnadel 3,0 mm
- Füllwatte
- Vernähnadel
- 1 Tontopf, ø 5 cm und 4 cm hoch

SO WIRD'S GEMACHT

Den Kaktus mit Erdballen von oben nach unten häkeln, dabei während des Häkelns nur den Erdballen mit Füllwatte ausstopfen. Dann den kleinen Kaktusarm und die Blüte jeweils einzeln häkeln und annähen. In Spiral-Rd häkeln.

KAKTUS MIT ERDBALLEN

In Grün einen Magic Ring legen und wie folgt häkeln:

1. Rd: 6 fM.

2. Rd: Jede M verdoppeln (= 12 fM).

3. Rd: Jede 2. M verdoppeln (= 18 fM).

4.–10. Rd: fM häkeln.

11. Rd: Jede 2. und 3. M zushäkeln (= 12 fM).

12. und 13. Rd: fM häkeln.

Dann für den Erdballen in Braun weiterhäkeln:

14. Rd: Jede M verdoppeln (= 24 fM).

15.–18. Rd: fM häkeln.

19. Rd: Jede 2. und 3. M zushäkeln (= 16 fM).

20. Rd: Je 2 M zushäkeln (= 8 fM).

21. Rd: Je 2 M zushäkeln (= 4 fM).

Den Faden lang abschneiden und evtl. noch etwas Füllwatte nachstopfen. Die M der letzten Rd mit dem Faden zuziehen und diesen vernähen.

KLEINER KAKTUSARM

In Grün einen Magic Ring legen und wie folgt häkeln:

1. Rd: 6 fM.

2. Rd: Jede M verdoppeln (= 12 fM).

3.–5. Rd: fM häkeln.

6. Rd: Je 2 M zushäkeln (= 6 fM).

7. Rd: fM häkeln.

Den Faden lang abschneiden und die M der letzten Rd damit zusziehen.

BLÜTE

In Gelb 2 Lm anschl und in die 2. Lm von der Nd aus wie folgt häkeln: * 2 hStb, 1 Km *, von * bis * noch 2x wdh und die Rd mit 1 Km schließen. Den Faden abschneiden.

Fertigstellen

Die Blüte auf den Kaktusarm und diesen anschließend an den Kaktus nähen. Den fertigen Kaktus in den Tontopf stellen und etwas andrücken.

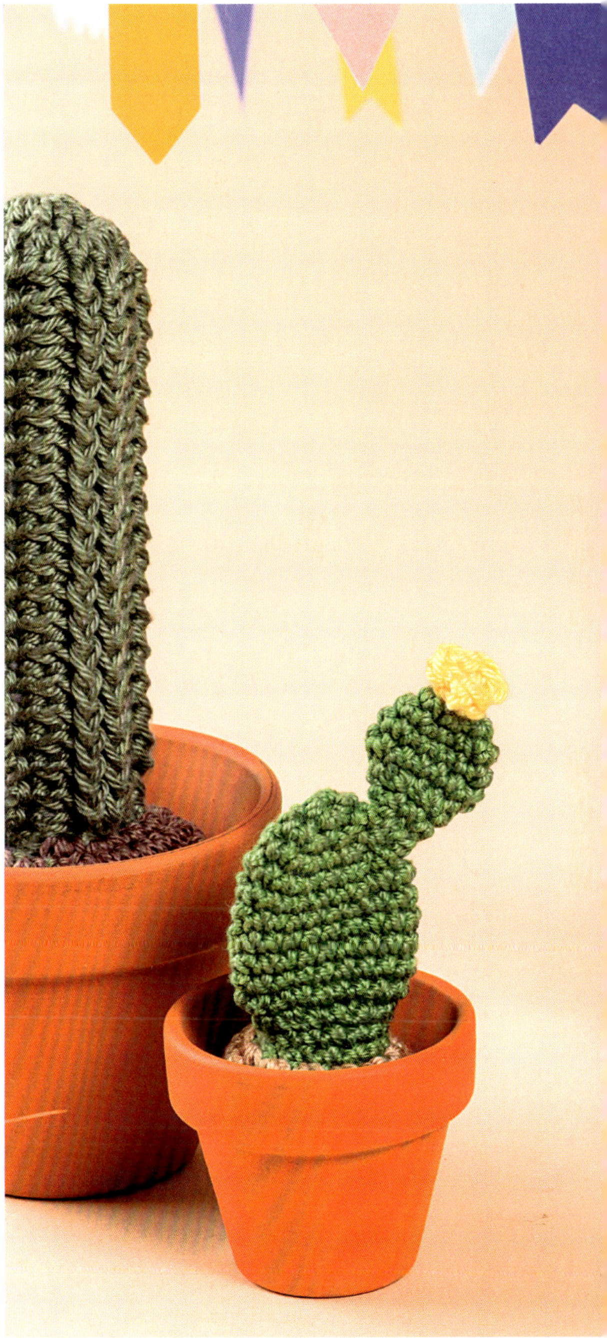

Vorsicht, Stachelgemüse

SÄULENKAKTUS

Der Klassiker unter den Kakteen verschönert Schreibtische, Fensterbänke und noch viel mehr!

Zeitaufwand

GRÖSSE

ca. 12 cm hoch (ohne Topf)

MATERIAL

- Lana Grossa Cotone (100 % Baumwolle, LL 125 m/50 g) in Khaki (Fb 61), Rest
- Woll Butt Camilla (100 % Baumwolle, LL 125 m/50 g) in Mocca, Rest
- Häkelnadel 3,0 mm
- Füllwatte
- Vernähnadel
- 1 Tontopf, ø 7 cm und 6 cm hoch

SO WIRD'S GEMACHT

Den Kaktus mit Erdballen von oben nach unten häkeln, dabei während des Häkelns nach und nach fest mit Füllwatte ausstopfen.

Zuerst in Rd häkeln, dabei das 1. hStb einer Rd durch 2 Steige-Lm ersetzen und die Rd mit 1 Km in die oberste Steige-Lm schließen. Ab der 3. Rd in Spiral-Rd häkeln.

KAKTUS MIT ERDBALLEN

Für den Kaktus in Khaki einen Magic Ring legen und wie folgt häkeln:

1. Rd: 10 hStb.

2. Rd: Jede M verdoppeln (= 20 hStb).

Nun in Spiral-Rd weiterhäkeln.

3. Rd: * 2 hRStbv, 2 hRStbh *, von * bis * noch 4 x wdh (= 20 hRStb).

4.–19. Rd: Um jedes hRStbv 1 hRStbv, um jedes hRStbh 1 hRStbh häkeln.

20. Rd: Wie die 4.–19. Rd häkeln, jedoch stets die beiden nebeneinanderliegenden RStbv zus abmaschen (= 15 RStb).

21. Rd: Wie die 4.–19. Rd häkeln (= 15 RStb).

Dann für den Erdballen zu Mocca wechseln:

22. Rd: fM häkeln und dabei jede M verdoppeln (= 30 fM).

23. Rd: Jede 2. M verdoppeln (= 45 fM).

24.–26. Rd: fM häkeln.

27. Rd: Jede 4. und 5. M zushäkeln (= 36 fM).

28. Rd: fM häkeln.

29. Rd: Jede 3. und 4. M zushäkeln (= 27 fM).

30. Rd: Jede 2. und 3. M zushäkeln (= 18 fM).

31. Rd: fM häkeln.

32. Rd: Je 2 M zushäkeln (= 9 fM).

33. Rd: 1 fM, dann je 2 M zushäkeln (= 5 fM).

Den Faden lang abschneiden und evtl. noch etwas Füllwatte nachstopfen. Die M der letzten Rd mit dem Faden zusziehen und den Faden vernähen.

Fertigstellen

Den fertigen Kaktus in den Tontopf stellen und etwas andrücken.

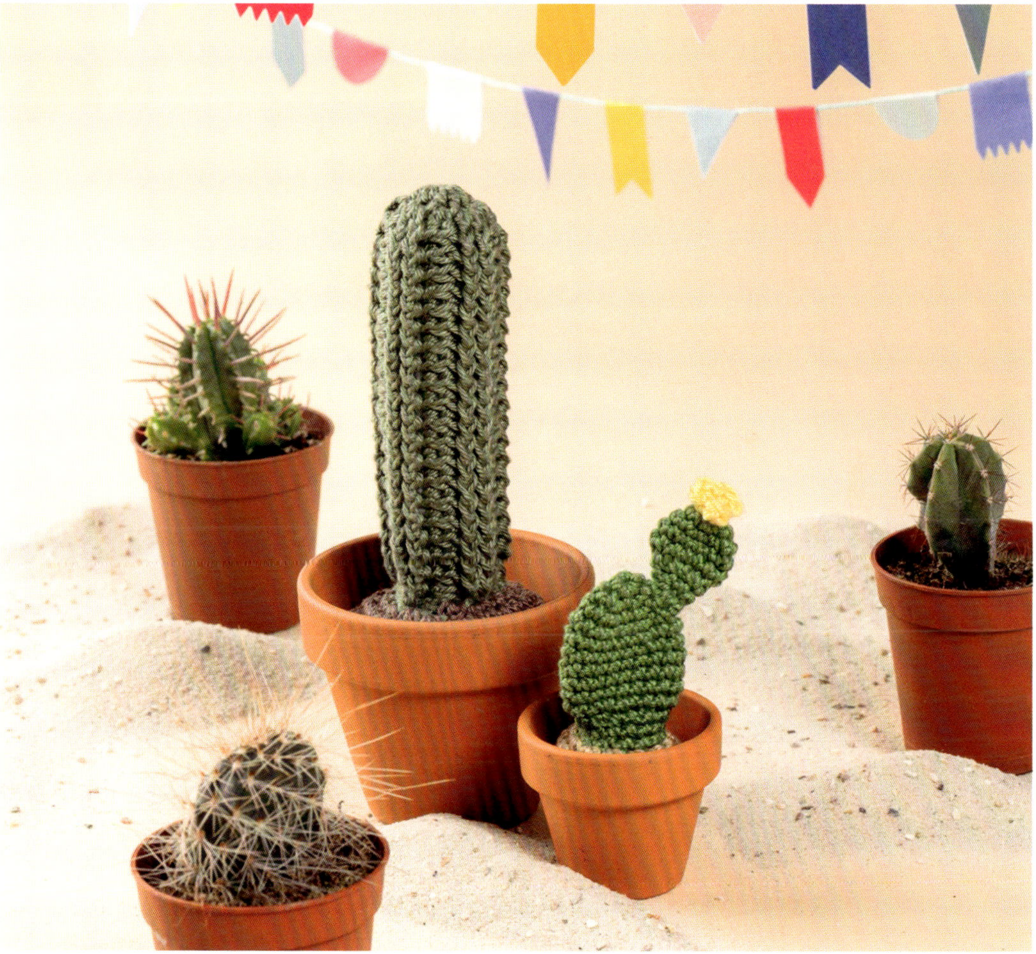

Ice, Ice, Baby SCHLÜSSELANHÄNGER

Beim Anblick dieser süßen Sünde am Schlüsselbund bekommt man sofort gute Laune!

Zeitaufwand

GRÖSSE

ca. 4 x 8 cm

MATERIAL

- Woll Butt Camilla (100 % Baumwolle, LL 125 m/50 g) in Lachs, Aqua, Hellgrün, Beige, Schwarz, Rot, Grün und Gelb, je Reste
- Häkelnadel 3,0 mm
- 2 schwarze Kunststoffaugen mit Ösen zum Annähen, ø 3 mm
- Vernähnadel
- Füllwatte
- 1 Schlüsselring

SO WIRD'S GEMACHT

Eis und Stiel einzeln häkeln, anschließend zusammennähen und besticken.

Die Anleitung beschreibt ein Eis in den Farben Lachs, Aqua und Hellgrün. Es können beliebige Farbe verwendet werden.

Das Eis in Spiral-Rd häkeln und während des Häkelns mit Füllwatte ausstopfen.

EIS

In Lachs einen Magic Ring legen und wie folgt häkeln:

1. Rd: 8 fM.

2. Rd: Jede M verdoppeln (= 16 fM).

3. Rd: Jede 2. M verdoppeln (= 24 fM).

4.–6. Rd: fM häkeln.

7.–12. Rd: Zu Aqua wechseln, fM häkeln.

13.–17. Rd: Zu Hellgrün wechseln, fM häkeln.

Anschließend für die Unterseite 8 fM häkeln, wenden, 1 Wende-Lm und noch 1x 8 fM häkeln. Den Faden lang abschneiden und evtl. noch etwas Füllwatte nachstopfen.

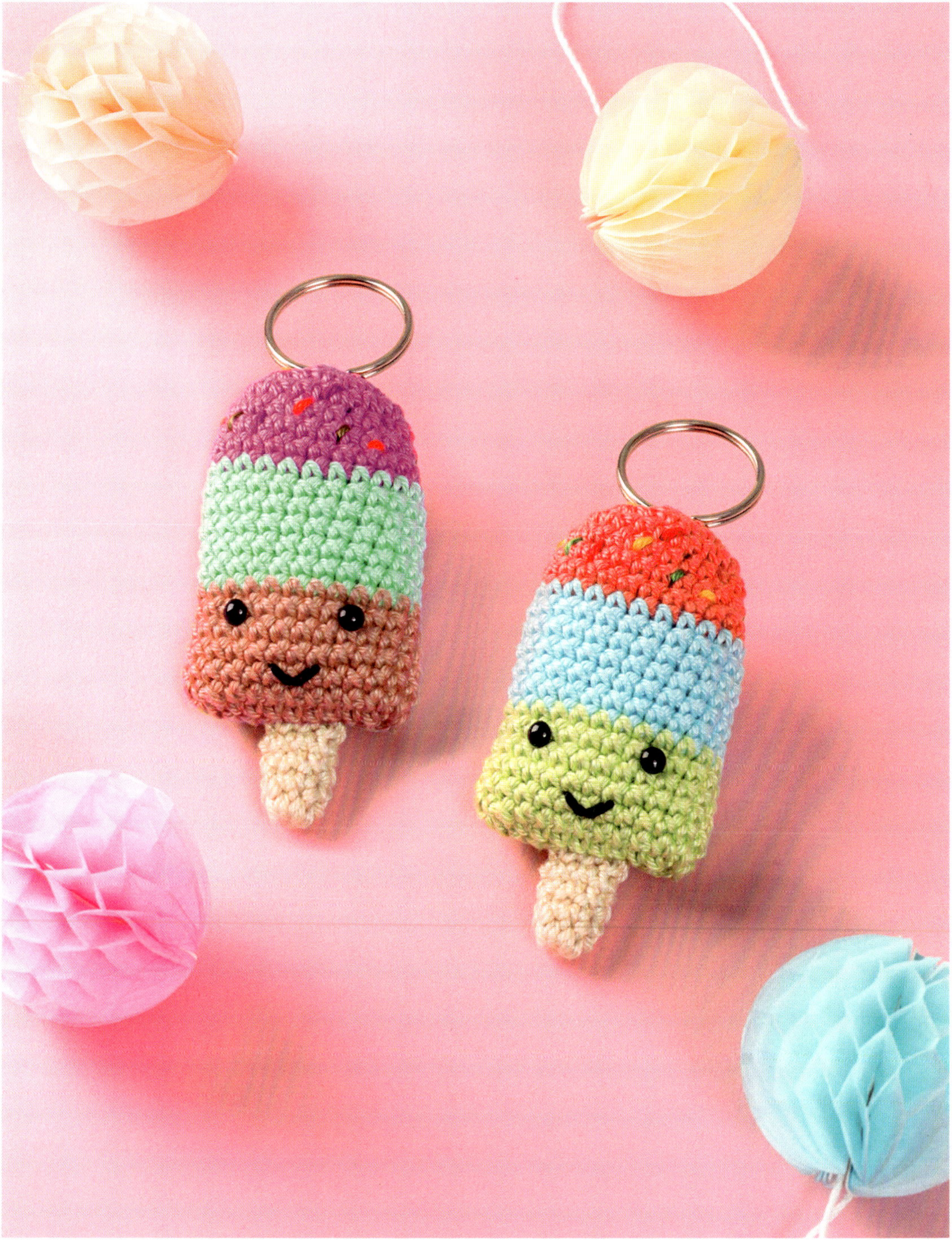

Dann die Unterseite über die noch verbliebene Öffnung klappen und die 3 noch offenen Seiten annähen.

STIEL

In Beige einen Magic Ring legen und wie folgt häkeln:

1. Rd: 7 fM.

2.–4. Rd: fM häkeln. Den Faden lang abschneiden und den Stiel damit mittig an die Unterseite nähen.

Fertigstellen

Die Augen in Höhe der 2. hellgrünen Rd aufnähen, dabei zwischen beiden Augen ca. 1,5 cm Abstand lassen. Den Mund in Schwarz 3 Rd tiefer mit Spannstichen mittig aufsticken.

Zuletzt für die Streusel die lachsfarbene Fläche unregelmäßig verteilt in Gelb, Rot und Grün mit ca. 0,5 cm langen Spannstichen besticken.

Quick-Tipp

Gutes Garn ist das A und O!
Bei der Wahl deines Garns solltest du auf Qualität achten. Wenn die Fasern gut miteinander verzwirnt wurden, teilt es sich nicht so schnell und lässt sich besser häkeln. Dadurch bist du automatisch schneller.

Kalorienarmer

GLÜCKSKEKS

Einfach mit einem klugen Spruch versehen und schon ist es das perfekte kleine Gastgeschenk!

Zeitaufwand

GRÖSSE

ca. 5 x 6 cm

MATERIAL

- Woll Butt Camilla (100 % Baumwolle, LL 125 m/50 g) in Karamell, Rest
- Häkelnadel 3,0 mm
- Vernähnadel

SO WIRD'S GEMACHT

In Spiral-Rd häkeln, den Kreis am Ende zusammenlegen und an den Enden zusammennähen.

KEKS

Einen Magic Ring legen und wie folgt häkeln:

1. Rd: 8 fM.

2. Rd: Jede M verdoppeln (= 16 fM).

3. Rd: Jede 2. M verdoppeln (= 24 fM).

4. Rd: Jede 3. M verdoppeln (= 32 fM).

5. Rd: Jede 4. M verdoppeln (= 40 fM).

6. Rd: Jede 5. M verdoppeln (= 48 fM).

7. Rd: Jede 6. M verdoppeln (= 56 fM).

8. Rd: Jede 7. M verdoppeln (= 64 fM).

9. Rd: Jede 8. M verdoppeln (= 72 fM).

10. Rd: Jede 9. M verdoppeln (= 80 fM).

Fertigstellen

Das Häkelteil zur Hälfte zuslegen, dabei liegt die Rückseite innen. Dann die Außenkanten der Rundung über die mittleren 6 cm zusnähen. An den Ecken bleiben jeweils kleine Öffnungen zum Einschieben des Spruchzettelchens. Danach die Ecken aneinanderklappen, sodass die typische Glückskeksform entsteht, und mit 2–3 kleinen, unsichtbaren Stichen zusnähen.

Quick-Tipp

Mitzählen nicht vergessen!
Gerade bei Häkelfiguren, die in Runden gearbeitet werden, aber auch bei Stücken, die in Reihen gehäkelt werden, macht es Sinn, immer die Maschen mitzuzählen. So stellst du nicht erst drei Runden/Reihen später fest, dass du eine Masche vergessen hast, und ersparst dir die Zeit, alles aufzuribbeln und neu zu häkeln.

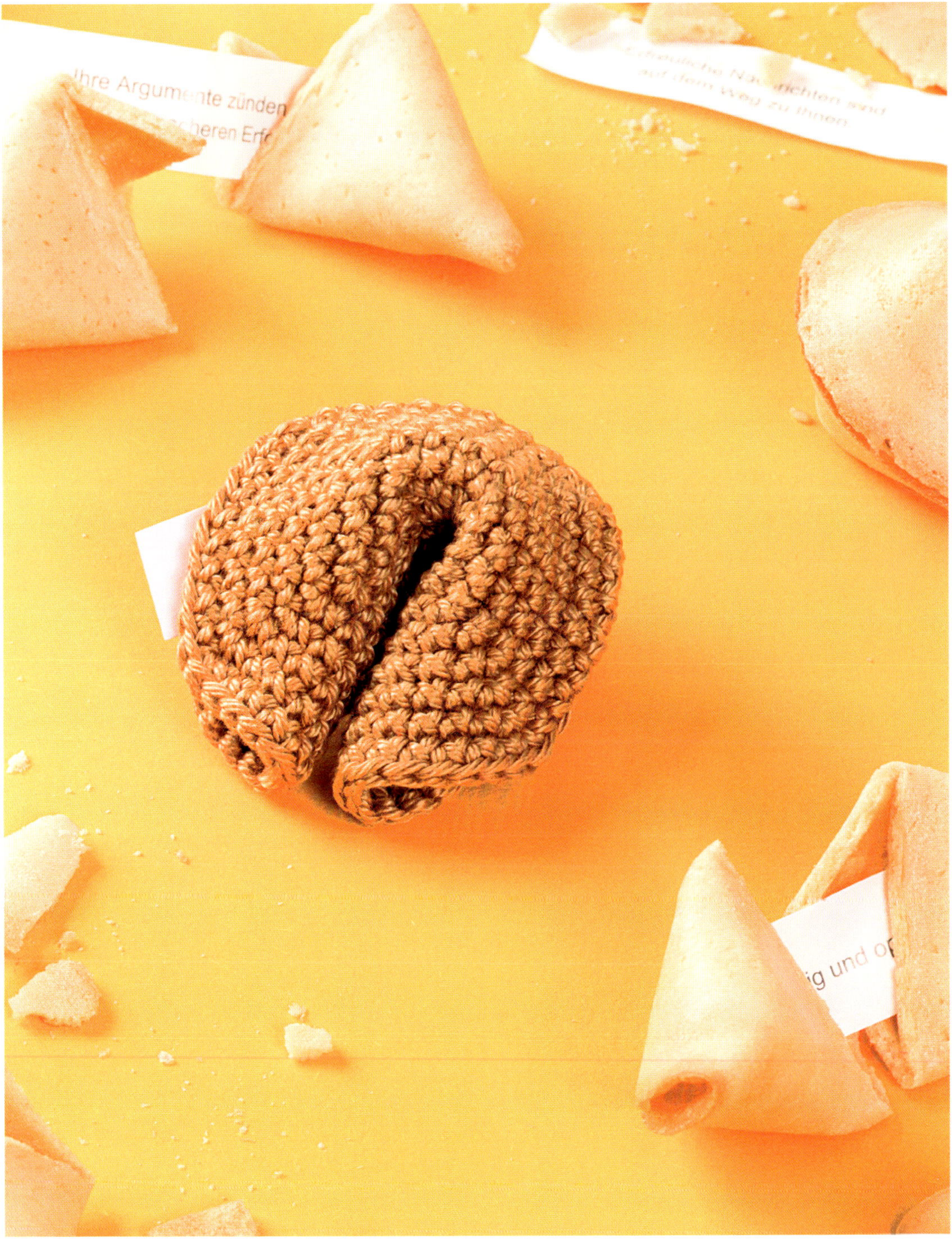

Fruchtige GLASUNTERSETZER

Melone und Zitrone sorgen dafür, dass dein Tisch sauber bleibt – und herrlich dekorativ sind sie auch noch!

Zeitaufwand

GRÖSSE

ø ca. 7,5 cm

MATERIAL

- **Zitrone:** Woll Butt Camilla (100 % Baumwolle, LL 125 m/50 g) in Gelb, Sonnengelb und Weiß, je Reste
- **Melone:** Woll Butt Camilla (100 % Baumwolle, LL 125 m/50 g) in Rot, Grün, Weiß und Schwarz, je Reste
- Häkelnadel 3,0 mm
- Vernähnadel

SO WIRD'S GEMACHT

In Spiral-Rd häkeln, danach die Segmente aufhäkeln.

ZITRONE

In Weiß einen Magic Ring legen und wie folgt häkeln:

1. Rd: 8 fM.

2. Rd: Zu Gelb wechseln, jede M verdoppeln (= 16 fM).

3. Rd: Jede 2. M verdoppeln (= 24 fM).

4. Rd: Jede 3. M verdoppeln (= 32 fM).

5. Rd: Jede 4. M verdoppeln (= 40 fM).

6. Rd: Jede 5. M verdoppeln (= 48 fM).

7. Rd: Zu Weiß wechseln, fM häkeln.

8. Rd: Zu Sonnengelb wechseln, jede 6. M verdoppeln (= 56 fM)

9. Rd: fM häkeln.

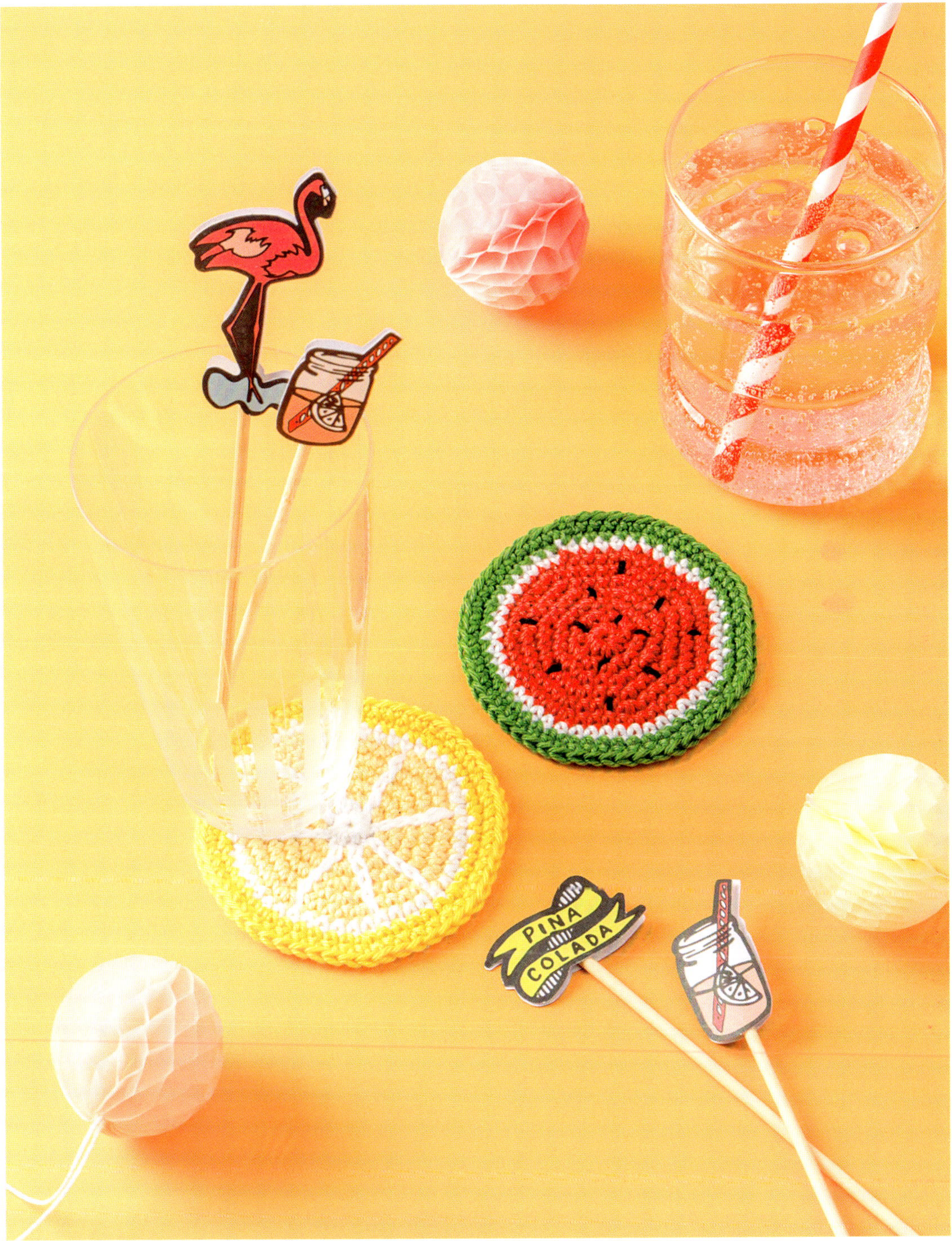
PINA
COLADA

Fertigstellen

In Weiß ca. 8 Segmente aufhäkeln. Für jedes Segment 1 R Km, von der 1. Rd nach außen gehend, bis zur 6. Rd aufhäkeln.

In Spiral-Rd häkeln, dann Kerne aufsticken.

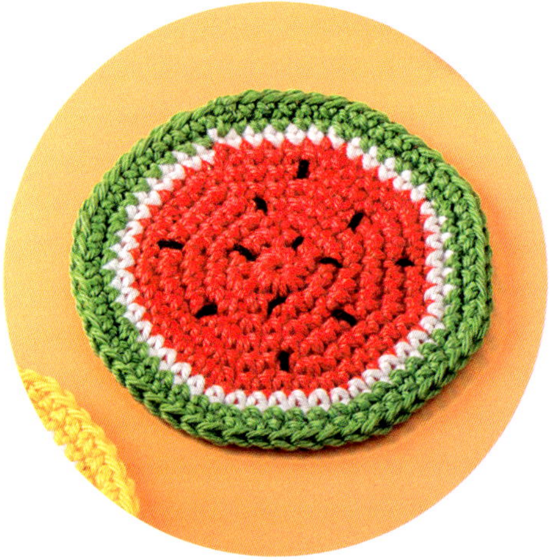

MELONE

In Rot einen Magic Ring legen und wie folgt häkeln:

1. Rd: 8 fM.

2. Rd: Jede M verdoppeln (= 16 fM).

3. Rd: Jede 2. M verdoppeln (= 24 fM).

4. Rd: Jede 3. M verdoppeln (= 32 fM).

5. Rd: Jede 4. M verdoppeln (= 40 fM).

6. Rd: Jede 5. M verdoppeln (= 48 fM).

7. Rd: Zu Weiß wechseln, fM häkeln.

8. Rd: Zu Grün wechseln, jede 6. M verdoppeln (= 56 fM)

9. Rd: fM häkeln.

Fertigstellen

In Schwarz die Kerne unregelmäßig verstreut mit Spannstichen aufsticken.

Selfie-Time

KAMERA

Wir lieben Retro! Da darf ein cooler Schlüsselanhänger mit Oldschool-Kamera nicht fehlen.

Zeitaufwand

GRÖSSE

ø ca. 4,5 x 4 x 3cm

MATERIAL

- Woll Butt Camilla (100% Baumwolle, LL 125m/50g) in Schwarz und Grau, je Reste
- Häkelnadel 3,0mm
- Vernähnadel
- Füllwatte
- 1 Schlüsselring

SO WIRD'S GEMACHT

Das Gehäuse häkeln, zusammennähen und mit Füllwatte stopfen. Das Display und das Objektiv einzeln häkeln und aufnähen.

Das Gehäuse und das Display in R häkeln, dabei am Anfang jeder R 1 Wende-Lm häkeln. Das Objektiv in Rd häkeln, dabei am Rd-Anfang je 1 Lm zusätzlich häkeln und jede Rd mit 1 Km in die 1. fM schließen.

GEHÄUSE

In Schwarz 9 Lm anschl und ab der 2. Lm nach der Nd in R fM häkeln (= 8 fM). Die ersten 5 R bilden das linke Seitenteil, die folgenden 10 R die Vorderseite, die nächsten 5 R das rechte Seitenteil und die letzten 10 R die Rückseite. Insgesamt werden 30 R gehäkelt. Den Faden lang abschneiden und die letzte R mit der Anschlagkante zusammennähen.

Nun für die Unterseite in Schwarz 11 Lm anschl und ab der 2. Lm nach der Nd 4 R fM häkeln (= 10 fM). Faden lang abschneiden.

Die Oberseite genauso arbeiten.

Unter- und Oberseite in die offenen Seiten des Gehäuses einsetzen und rundum annähen, dabei die Kamera mit Füllwatte ausstopfen.

DISPLAY

In Grau 6 Lm anschl und ab der 2. Lm nach der Nd in R fM häkeln (= 5 fM). Nach der 8. R den Faden lang abschneiden.

OBJEKTIV

In Grau einen Magic Ring legen und wie folgt häkeln:

1. Rd: 6 fM.

2. Rd: Jede M verdoppeln (= 12 fM).

3. und 4. Rd: Zu Schwarz wechseln, fM häkeln. Den Faden lang abschneiden.

Fertigstellen

Das Display mittig auf die Rückseite des Gehäuses nähen. Das Objektiv leicht nach rechts unten versetzt auf die Vorderseite nähen, dabei das Objektiv mit Füllwatte unterlegen. Dann in Grau für den Sucher ein Rechteck von ca. 1 x 0,75 cm mit Spannstichen auf die Vorderseite sticken. Zuletzt den Schlüsselring an einer Ecke annähen.

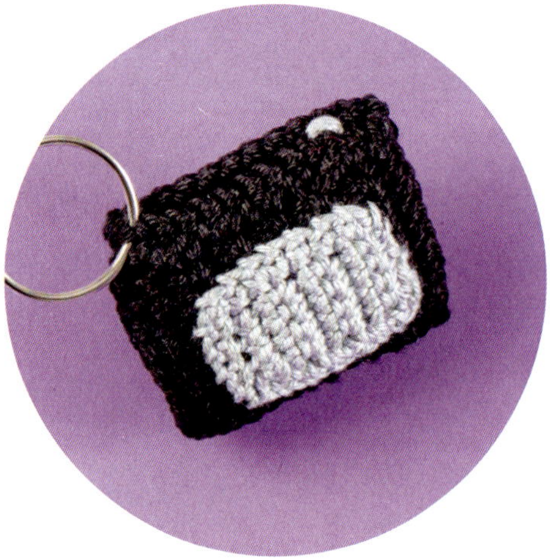

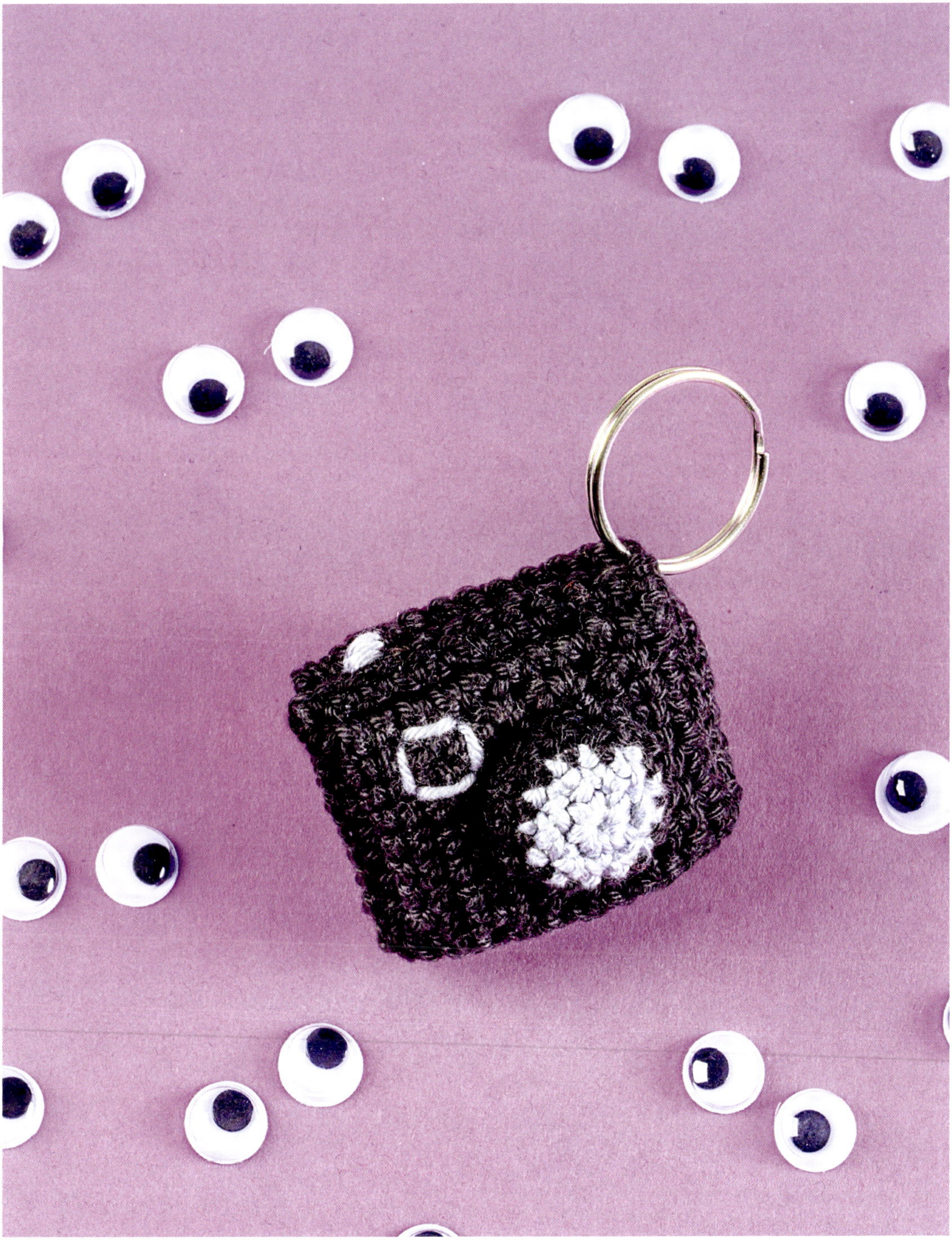

Fiesta SOMBRERO

Da kommt schon morgens Urlaubsfeeling auf, wenn dieser witzige Hut das Frühstücksei ziert!

Zeitaufwand

GRÖSSE

ø ca. 8 cm, 6 cm hoch

MATERIAL

- Woll Butt Camilla (100 % Baumwolle, LL 125 m/50 g) in Beige, Orange, Sonnengelb, Rot und Grün, je Reste
- Häkelnadel 3,0 mm
- Vernähnadel

SO WIRD'S GEMACHT

In Rd von oben nach unten häkeln.

Jede Rd mit 1 Lm zusätzlich beginnen bzw. in der 21. Rd mit 3 Steige-Lm. Jede Rd mit 1 Km in die 1. M schließen.

SOMBRERO

In Beige einen Magic Ring legen und wie folgt häkeln:

1. Rd: 6 fM.

2. Rd: Jede 2. M verdoppeln (= 9 fM).

3. Rd: fM häkeln.

4. Rd: Jede 3. M verdoppeln (= 12 fM).

5. Rd: Jede 3. M verdoppeln (= 16 fM).

6. Rd: fM häkeln.

7. Rd: Jede 4. M verdoppeln (= 20 fM).

8. Rd: fM häkeln.

9. Rd: Jede 5. M verdoppeln (= 24 fM).

10. Rd: fM häkeln.

11. Rd: Jede 6. M verdoppeln (= 28 fM).

12. Rd: fM häkeln.

13. Rd: Jede 7. M verdoppeln (= 32 fM).

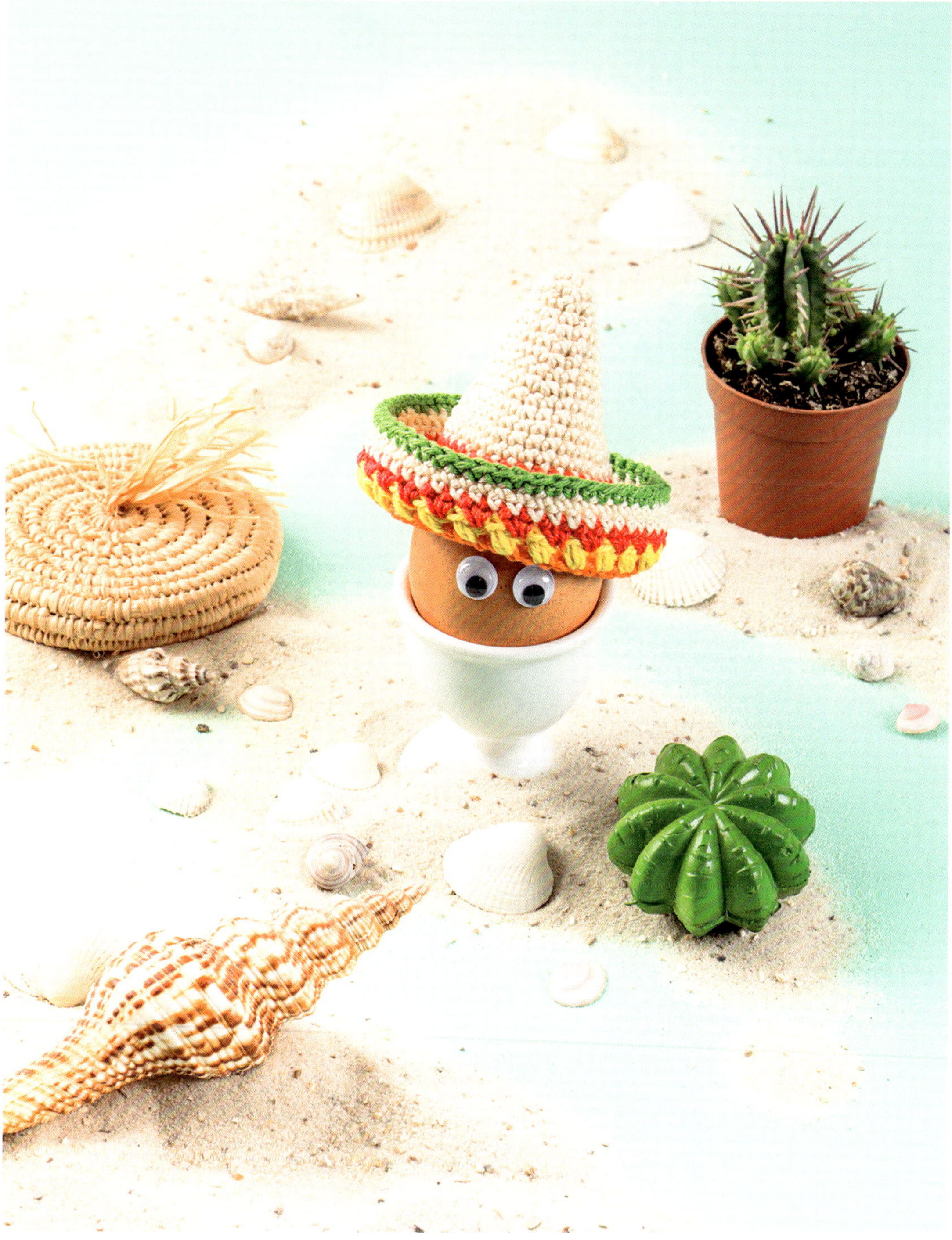

14. Rd: Zu Rot wechseln, fM häkeln.

15. Rd: Zu Sonnengelb wechseln, fM häkeln.

16. Rd: Zu Beige wechseln, fM häkeln.

17. Rd: Jede 2. M verdoppeln (= 48 fM).

18. und 19. Rd: fM häkeln.

20. Rd: Zu Orange wechseln, fM häkeln. Am Ende der Rd die Arbeit wenden und die folgenden Rd in entgegengesetzter Richtung häkeln.

21. Rd: Zu Sonnengelb wechseln, 3 Steige-Lm und 1 Stb in die 1. fM, 1 Lm, 1 fM überspringen, * 2 zus abgemaschte Stb, 1 Lm, 1 fM überspringen *, von * bis * noch 22x wdh, dann die Rd mit 1 Km in die oberste Steige-Lm schließen.

22. Rd: Zu Rot wechseln, 1 Lm zusätzlich, um jede Lm 2 fM häkeln.

23. und 24. Rd: Zu Beige wechseln, fM häkeln.

25. Rd: Zu Grün wechseln, fM häkeln.

Fäden lang abschneiden und vernähen.

Fertigstellen

Den äußeren Rand bis zur orangefarbenen Rd nach außen umkrempeln.

Quick-Tipp

Je voluminöser, desto schneller

Projekte, die mit dickerem Garn und dementsprechend mit größerer Nadelstärke gehäkelt werden, sind automatisch schneller fertig, weil eine Masche deutlich mehr Volumen hat als die Masche eines dünnen Garns. Außerdem fällt es vor allem Anfängern leichter, mit größeren Nadelstärken zu arbeiten, weil das Maschenbild einfacher zu erkennen ist.

Zuckerwatteweiche

WOLKE

Mehrere dieser flauschigen Wölkchen machen sich toll an einem Mobile.

Zeitaufwand

GRÖSSE

ca. 9 x 5 cm

MATERIAL

- Woll Butt Camilla (100 % Baumwolle, LL 125 m/50 g) in Weiß und Schwarz, je Reste
- Häkelnadel 3,0 mm
- Vernähnadel
- 2 schwarze Kunststoffaugen mit Ösen zum Annähen, ø 3 mm

SO WIRD'S GEMACHT

Die Wolke von einer Seite zur anderen häkeln. Die Zunahmen und Abnahmen ergeben die Wolkenform. Während des Häkelns die Wolke mit Füllwatte ausstopfen.

In Spiral-Rd häkeln.

WOLKE

In Weiß einen Magic Ring legen und wie folgt häkeln:

1. Rd: 6 fM.

2. Rd: Jede M verdoppeln (= 12 fM).

3. Rd: Jede 2. M verdoppeln (= 18 fM).

4. Rd: Jede 3. M verdoppeln (= 24 fM).

5.–8. Rd: fM häkeln.

9. Rd: fM häkeln, dabei 8 aufeinanderfolgende M verdoppeln (= 32 fM).

Die verdoppelten 16 M markieren.

10.–19. Rd: fM häkeln.

20. Rd: fM häkeln, dabei mittig über den markierten M 4 x je 2 M zusammenhäkeln und zwischen den Abn je 1 fM häkeln (= 28 fM).

21. Rd: fM häkeln.

22. Rd: Wie die 20. Rd häkeln (= 24 fM).

23.–26. Rd: fM häkeln.

27. Rd: Jede 3. und 4. M zushäkeln (= 18 fM).

28. Rd: Jede 2. und 3. M zushäkeln (= 12 fM).

29. Rd: Je 2 M zushäkeln (= 6 fM).

Den Faden lang abschneiden und evtl. noch etwas Füllwatte nachstopfen. Die M der letzten Rd mit dem Faden zusammenziehen und diesen vernähen.

Fertigstellen

Die Augen annähen. In Schwarz den Mund mit Spannstichen aufsticken. Die Wangen mit etwas Rouge leicht rot einfärben.

Quick-Tipp

Die Qualität der Häkelnadel

Nicht nur die Qualität des Garns, sondern auch die der Häkelnadel spielt eine große Rolle. Um die perfekte Nadel für dich zu finden, solltest du alle Materialien einmal austesten. Metallnadeln sind am weitesten verbreitet, vielleicht liegt dir aber eine Holznadel besser in der Hand? Oder du wirst mit der Kunststoffvariante zum Turbo-Häkler!

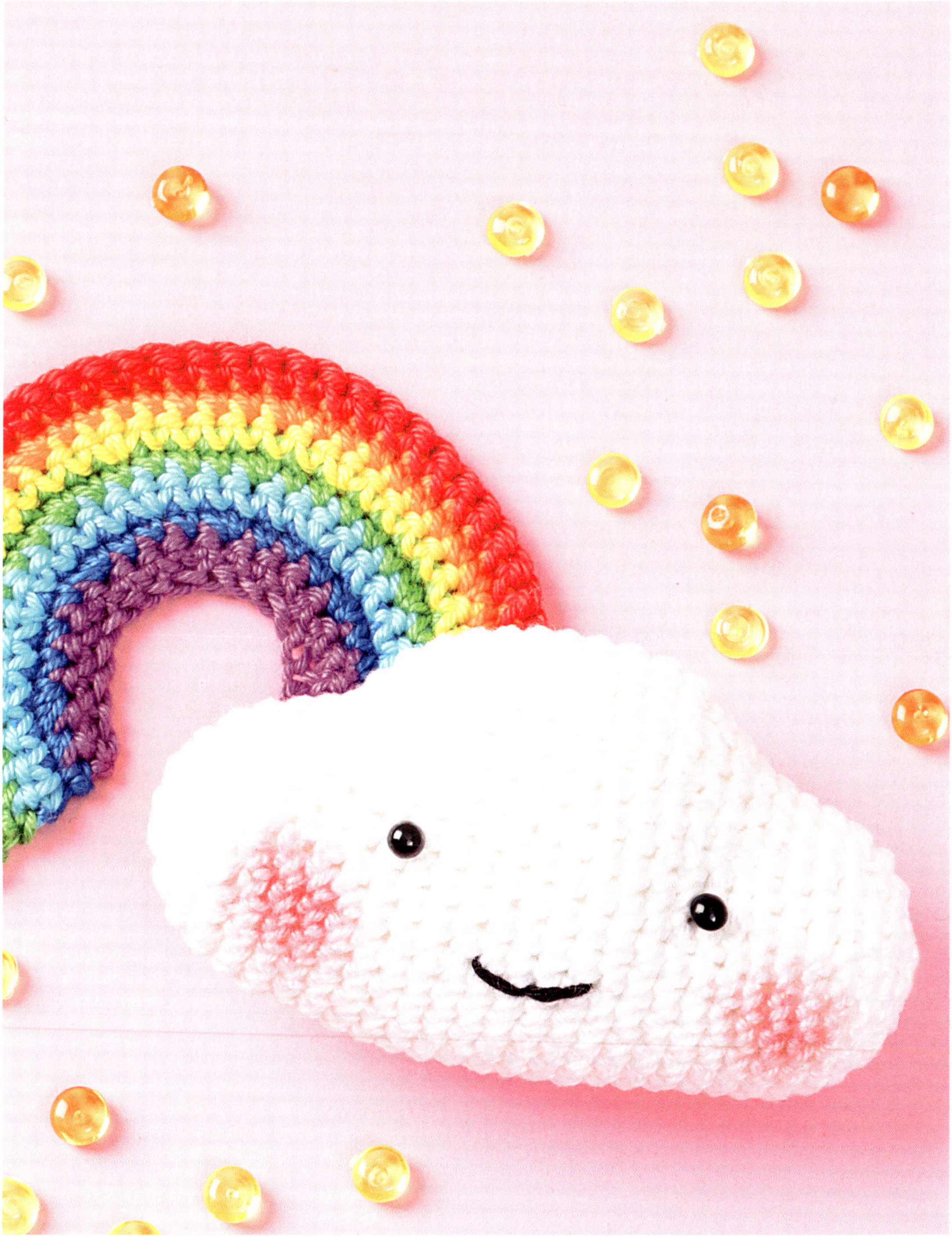

Norbert

NILPFERD

Dieser süße Kuschelkumpel lässt nicht nur Kinderaugen leuchten. Als kleines Mitbringsel für Freunde macht Norbert sich auch richtig gut!

Zeitaufwand

GRÖSSE

ca. 15 cm lang

MATERIAL

- Woll Butt Candy (100 % Polyester, LL 120 m/100 g) in Mint, ca. 30 g
- Häkelnadel 5,0 mm
- Füllwatte
- Sicherheitsaugen ø 8,0 mm
- Vernähnadel

SO WIRD'S GEMACHT

Als Erstes den Kopf häkeln und darauf achten, dass das dickere Ende nach unten zeigt. Anschließend den Körper, die Ohren und die Beine häkeln. Zum Schluss alle Teile zusammennähen und den kleinen Schwanz anbringen.

KOPF

In Mint einen Magic Ring legen und wie folgt häkeln:

1. Rd: 6 fM.

2. Rd: Jede M verdoppeln (= 12 fM).

3. Rd: Jede 2. M verdoppeln (= 18 fM).

4. Rd: Jede 3. M verdoppeln (= 24 fM).

5. Rd: Jede 4. M verdoppeln (= 30 fM).

6.–8. Rd: 1 fM in jede M der Vor-Rd (= 30 fM).

9. Rd: * 1 fM, 1 M abn *, von * bis * noch 9x wdh (= 20 fM).

10. und 11. Rd: 1 fM in jede M der Vor-Rd (= 20 fM).

12. Rd: * 4 fM, 1 M zun *, von * bis * noch 3x wdh (= 24 M).

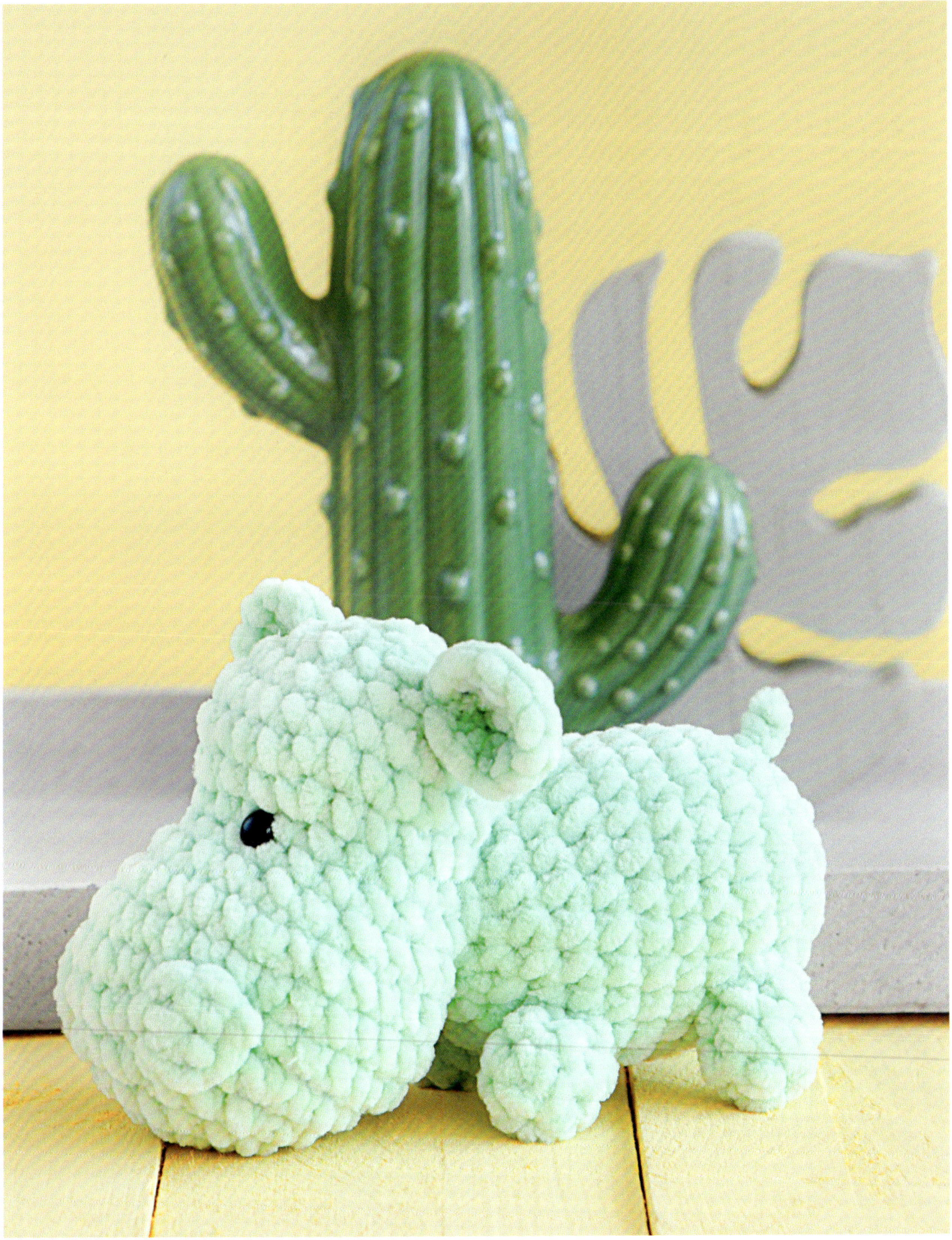

13. und 14. Rd: 1 fM in jede M der Vor-Rd (= 24 fM).

Nun den Kopf füllen und die Sicherheitsaugen anbringen.

15. Rd: * 2 fM, 1 M abn *, von * bis * noch 5x wdh (= 18 fM).

16. Rd: * 1 fM, 1 M abn *, von * bis * noch 5x wdh (= 12 fM).

Etwas Füllwatte nachstopfen.

17. Rd: 6x 1 M abn (= 6 fM).

Die verbliebene Öffnung mit wenigen Stichen zunähen.

KÖRPER

In Mint einen Magic Ring legen und wie folgt häkeln:

1. Rd: 6 fM.

2. Rd: Jede M verdoppeln (= 12 fM).

3. Rd: Jede 2. M verdoppeln (= 18 fM).

4. Rd: Jede 3. M verdoppeln (= 24 fM).

5.–11. Rd: 1 fM in jede M der Vor-Rd (= 24 fM).

12. Rd: * 2 fM, 1 M abn *, von * bis * noch 5x wdh (= 18 fM).

Nun den Körper mit Füllwatte stopfen.

13. Rd: * 1 fM, 1 M abn *, von * bis * noch 5x wdh (= 12 fM).

14. Rd: Je 2 M zushäkeln (= 6 fM).

Den Faden lang abschneiden, mit einer Vernäh-Nd durch alle 6 M fädeln und die Öffnung zuziehen. Den Faden sichern und sorgfältig im Inneren verstechen.

BEINE (4X)

In Mint einen Magic Ring legen und wie folgt häkeln:

1. Rd: 6 fM.

2.–3. Rd: 1 fM in jede M der Vor-Rd (= 6 fM).

Die Beine mit etwas Füllwatte füllen und den Faden lang abschneiden.

OHREN (2X)

In Mint einen Magic Ring legen und wie folgt häkeln:

1. Rd: 6 fM.

2. Rd: Jede M verdoppeln (= 12 fM).

3.–4. Rd: 1 fM in jede M der Vor-Rd (= 12 fM).

Abmaschen und Faden lang abschneiden.

NASENLÖCHER (2X)

1. Rd: In Mint 6 fM in einen Magic Ring häkeln und zum Kreis schließen.
Abmaschen und Faden lang abschneiden.

Fertigstellung

Zuerst den Kopf an den Körper nähen und darauf achten, dass der schmalere Teil des Kopfes nach oben zeigt. Die Nasenlöcher aufnähen. Danach jeweils den Rand der Ohren zusklappen und diesen am Kopf annähen. Die Beine am Körper annähen. Für den Schwanz mit der Häkelnadel am hinteren Teil des Körpers einstechen, 2 Lm häkeln und den Faden beim Vernähen zurück in den Körper führen.

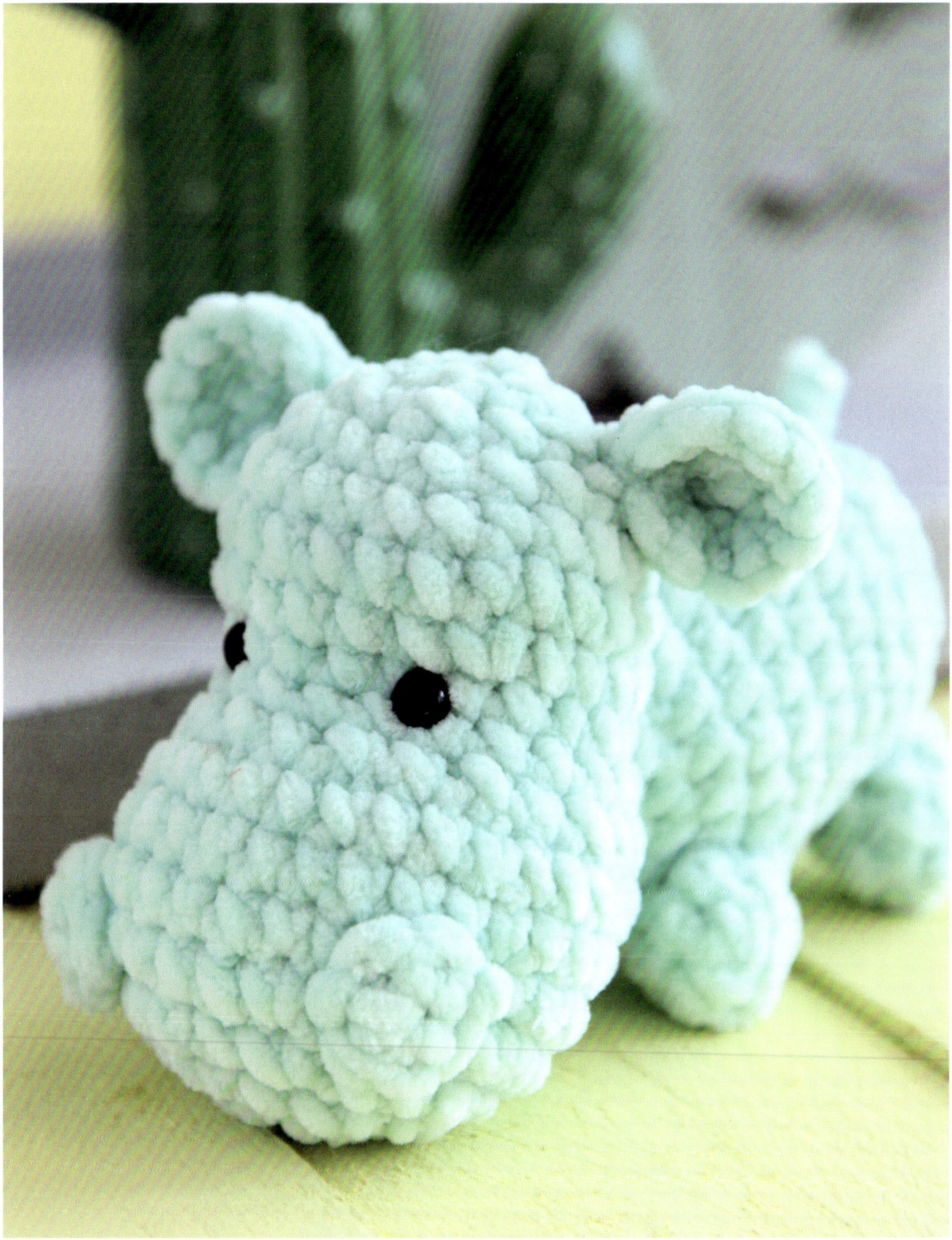

Mini

RASSELMÖWE

Eine Babyparty steht an? Dann ist diese maritime Rassel genau das richtige Geschenk für die werdende Mama und ihr Baby!

Zeitaufwand

GRÖSSE

ca. 15 cm hoch

MATERIAL

- Hobbii Mayflower Velvet (100 % Baumwolle, LL 110 m/50 g) in Weiß (Fb 201), ca. 20 g, in Senf (Fb 209) und Hellblau (Fb 205), je Reste
- Baumwollgarn (LL 125 m/50 g) in Schwarz (Augen), Rest
- Häkelnadel 3,0 mm
- Füllwatte
- Leeres Überraschungsei
- Reis, Linsen o. Ä.
- Vernähnadel

SO WIRD'S GEMACHT

Gehäkelt wird ausschließlich in fM. Zu Beginn den Schnabel häkeln und diesen beiseitelegen. Danach den Körper häkeln; in diesen wird der Schnabel direkt eingearbeitet, um nachträgliches Annähen und evtl. späteres Ablösen von Kleinteilen zu vermeiden. Bevor gefüllt und verschlossen wird, das Rassel-Ei ins Innere des Kopfes schieben.

SCHNABEL

In Senf einen Magic Ring legen und wie folgt häkeln:

1. Rd: 6 fM.

2.–5. Rd: 1 fM in jede M der Vor-Rd, 1 Km in die 1. M der Rd. Abmaschen und den Faden lang abschneiden.

Körper

In Weiß einen Magic Ring legen und wie folgt häkeln:

1. Rd: 6 fM.

2. Rd: Jede M verdoppeln (= 12 fM).

3. Rd: Jede 2. M verdoppeln (= 18 fM).

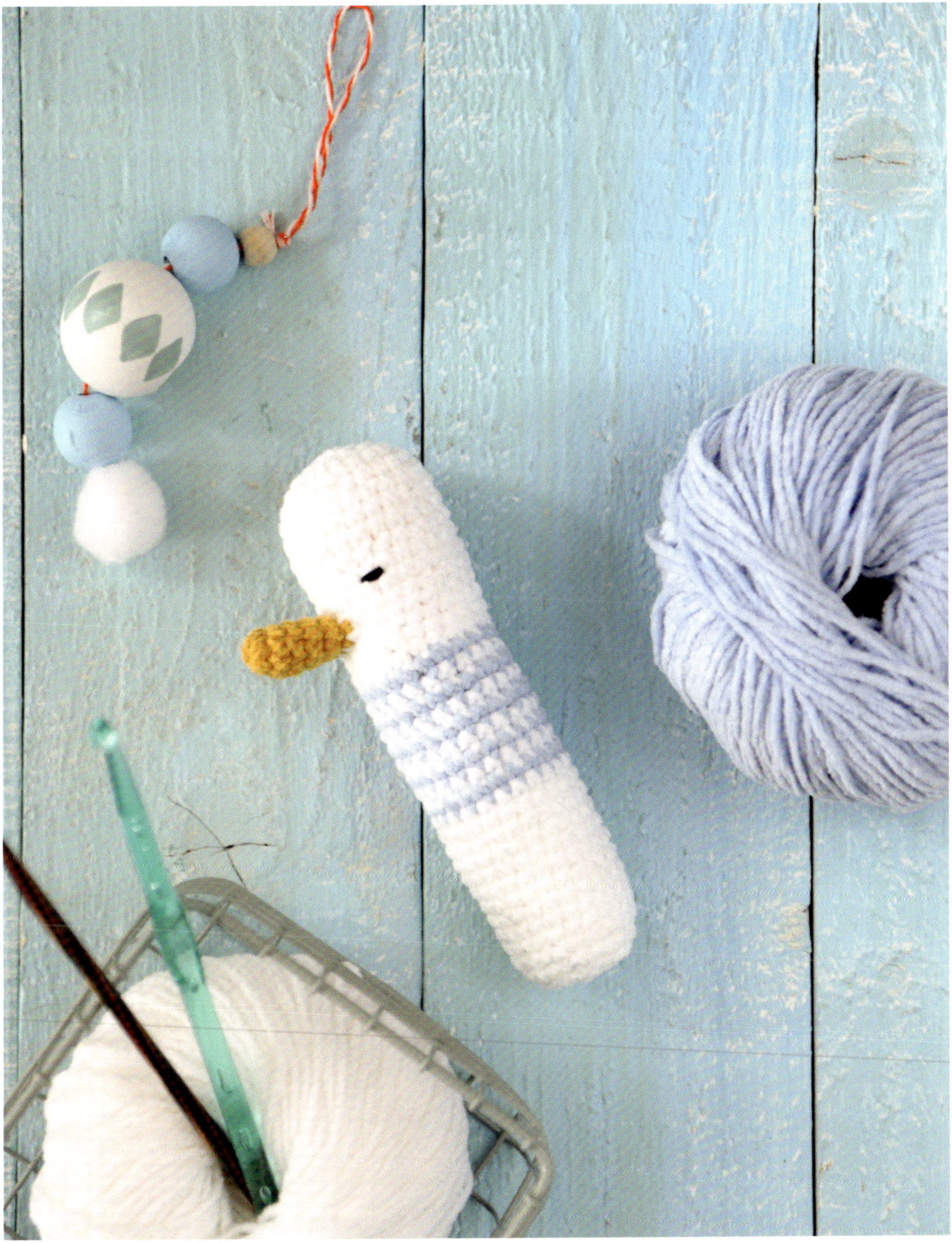

4. Rd: Jede 3. M verdoppeln (= 24 fM).

5.–9. Rd: 1 fM in jede M der Vor-Rd (= 24 fM).

10. Rd: Den Schnabel anlegen und diesen mit der laufenden Rd mit 4 fM einhäkeln. Es wird dabei durch beide M – je 1 vom Schnabel und 1 vom Kopf – gestochen. Die restliche Rd fM häkeln (= 24 fM).

11. Rd: In dieser Rd die andere Hälfte vom Schnabel, ebenfalls mit 4 fM mit einhäkeln. Die restliche Rd fM häkeln.

12.–14. Rd: 1 fM in jede M der Vor-Rd (= 24 fM).

15.–24. Rd: Ab jetzt in jeder Rd die Fb wechseln. Dabei mit Hellblau beginnen und mit Weiß fortfahren. 1 fM in jede M der Vor-Rd (= 24 fM).

25.–34. Rd. In Weiß weiterhäkeln. 1 fM in jede M der Vor-Rd (= 24 fM).

Nun das mit Reis oder Linsen gefüllte Ei bis in den Kopf der Möwe schieben. Den Rest des Körpers etwas fester mit Füllwatte ausstopfen.

35. Rd: * 2 fM, 1 M abn *, von * bis * noch 5x wdh (= 18 fM).

36. Rd: * 1 fM, 1 M abn *, von * bis * noch 5x wdh (= 12 fM).

37. Rd: 6x 1 M abn (= 6 fM).

Den Faden lang abschneiden, mit einer Vernäh-Nd durch alle 6 M fädeln und die Öffnung zuziehen. Den Faden sichern und sorgfältig im Inneren verstecken.

Greifling
KNISTEREIS

Dieses Eis knistere nicht auf der Zunge, sondern in den Händen der Allerkleinsten.

Zeitaufwand

GRÖSSE

ca. 10 cm hoch

MATERIAL

- Woll Butt Candy (100 % Polyester, LL 120 m/100 g) in Mint, ca. 10 g, und Rosa, ca. 5 g
- Katia Bambi (100 % Polyester, LL 120 m/100 g) in Braun (Fb 307), Rest
- Häkelnadel 5,0 mm
- Füllwatte
- Knisterfolie
- Vernähnadel

SO WIRD'S GEMACHT

Das Eis wird von oben nach unten gehäkelt, danach mit Füllwatte und Knisterfolie gefüllt. Zum Schluss wird der Stiel gehäkelt und angenäht.

EIS

In Rosa einen Magic Ring legen und wie folgt häkeln:

1. Rd: 6 fM.

2. Rd: Jede M verdoppeln (= 12 fM).

3. Rd: Jede 2. M verdoppeln (= 18 fM).

4. Rd: Jede 3. M verdoppeln (= 24 fM).

5.–6. Rd: 1 fM in jede M der Vor-Rd (= 24 fM).

Fb-Wechsel zu Mint.

7.–15. Rd: 1 fM in jede M der Vor-Rd (= 24 fM).

Das Eis flach drücken, etwas Füllwatte mit Knisterfolie umwickeln, das Eis damit füllen und zum Schluss den unteren Rand mit wenigen Stichen von Hand zunähen.

STIEL

In Braun einen Magic Ring legen und wie folgt häkeln:

1. Rd: 6 fM.

2.–4. Rd: 1 fM in jede M der Vor-Rd (= 6 fM).

Den Stiel unten mittig am Eis festnähen.

Quick-Tipp

Übung macht den Meister

Dieses Sprichwort lässt sich auf fast alles anwenden – und auch beim Häkeln ist das nicht anders! Je mehr Projekte du vollendest, desto schneller wirst du automatisch werden. Denn die Muskeln in deiner Hand und in deinem Handgelenkt haben ein Gedächtnis und können auf bestimmte Bewegungen, wie z. B. das Führen einer Häkelnadel, trainiert werden.

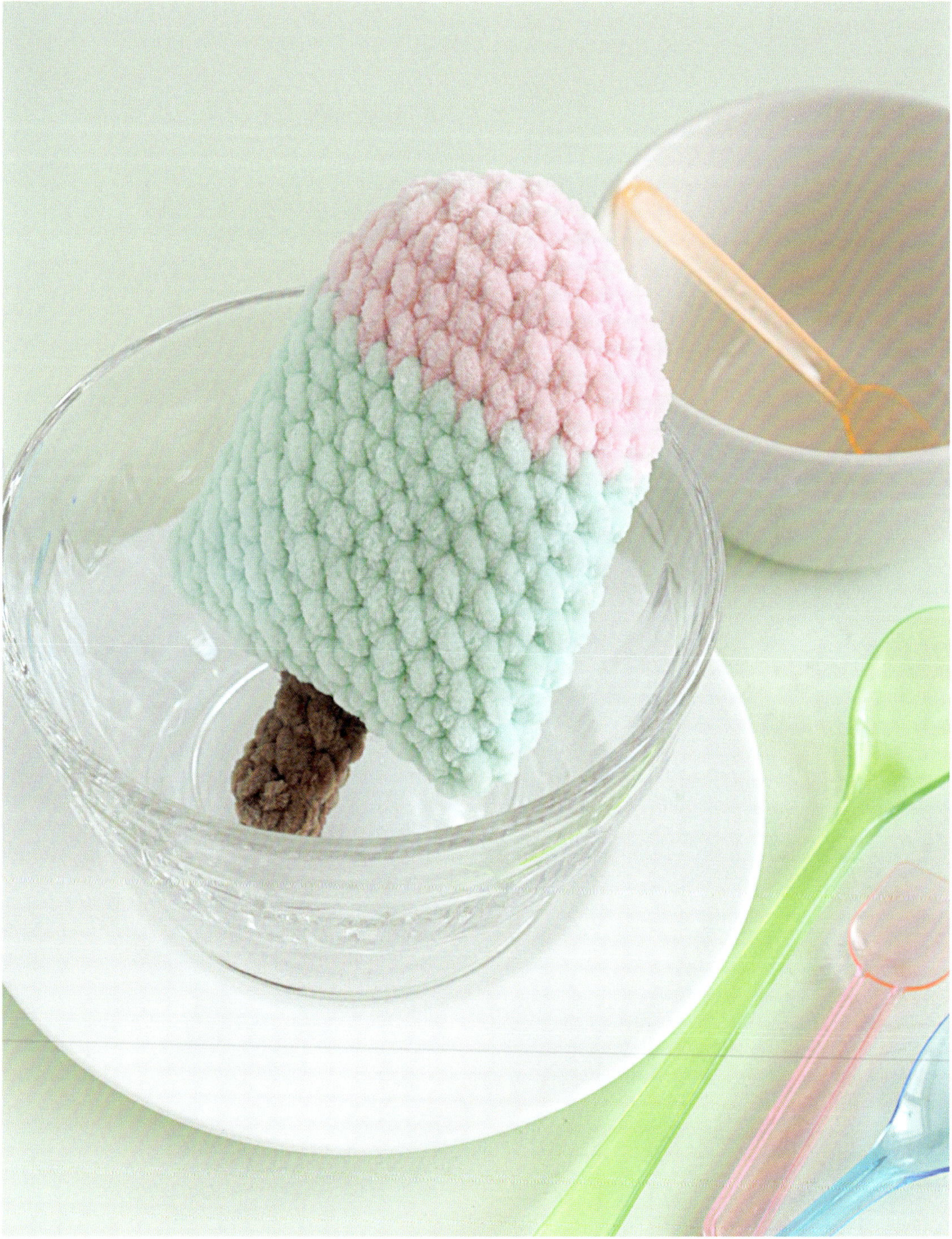

Zuckersüßer DONUT

Egal ob für den Kinderkaufmannsladen oder als nettes Mitbringsel zum Kaffee-Date – über diese Leckerei freut sich jeder.

Zeitaufwand

GRÖSSE

ø ca. 10 cm

MATERIAL

- myboshi Samt (100 % Polyester, LL 100 m/100 g) in Biber, ca. 10 g, und Ferkel, ca. 5 g
- Häkelnadel 5,0 mm
- Füllwatte
- Garnreste für die Streusel
- Entdeckermaterialien (z. B. Knisterfolie oder Glöckchen)
- Vernähnadel

SO WIRD'S GEMACHT

Zuerst wird der braune Teil gehäkelt, danach der rosafarbene Zuckerguss aufgestickt.

DONUT

In Biber eine Lm-Kette aus 11 M häkeln und diese mit 1 Km in die letzte Lm zum Kreis schließen.

2. Rd: 10 fM (= 10 fM).

3. Rd: Jede M verdoppeln (= 20 fM).

4. Rd: 1 fM in jede M der Vor-Rd (= 20 fM).

5. Rd: Jede 2. M verdoppeln (= 30 fM).

6.–7. Rd: 1 fM in jede M der Vor-Rd (= 30 fM).

8. Rd: * 1 fM, 1 M abn *, von * bis * noch 9x wdh (= 20 fM).

9. Rd: 1 fM in jede M der Vor-Rd (= 20 fM).

10. Rd: 10x 1 M abn (= 10 fM).

Drücke den entstandenen Ring flach, sodass die Öffnungen vom Beginn und Ende der Häkelarbeit übereinanderliegen. Fülle nun den Donut mit Füllwatte sowie Knisterfolie oder Glöckchen und nähe den Ring auf der Innenseite zus.

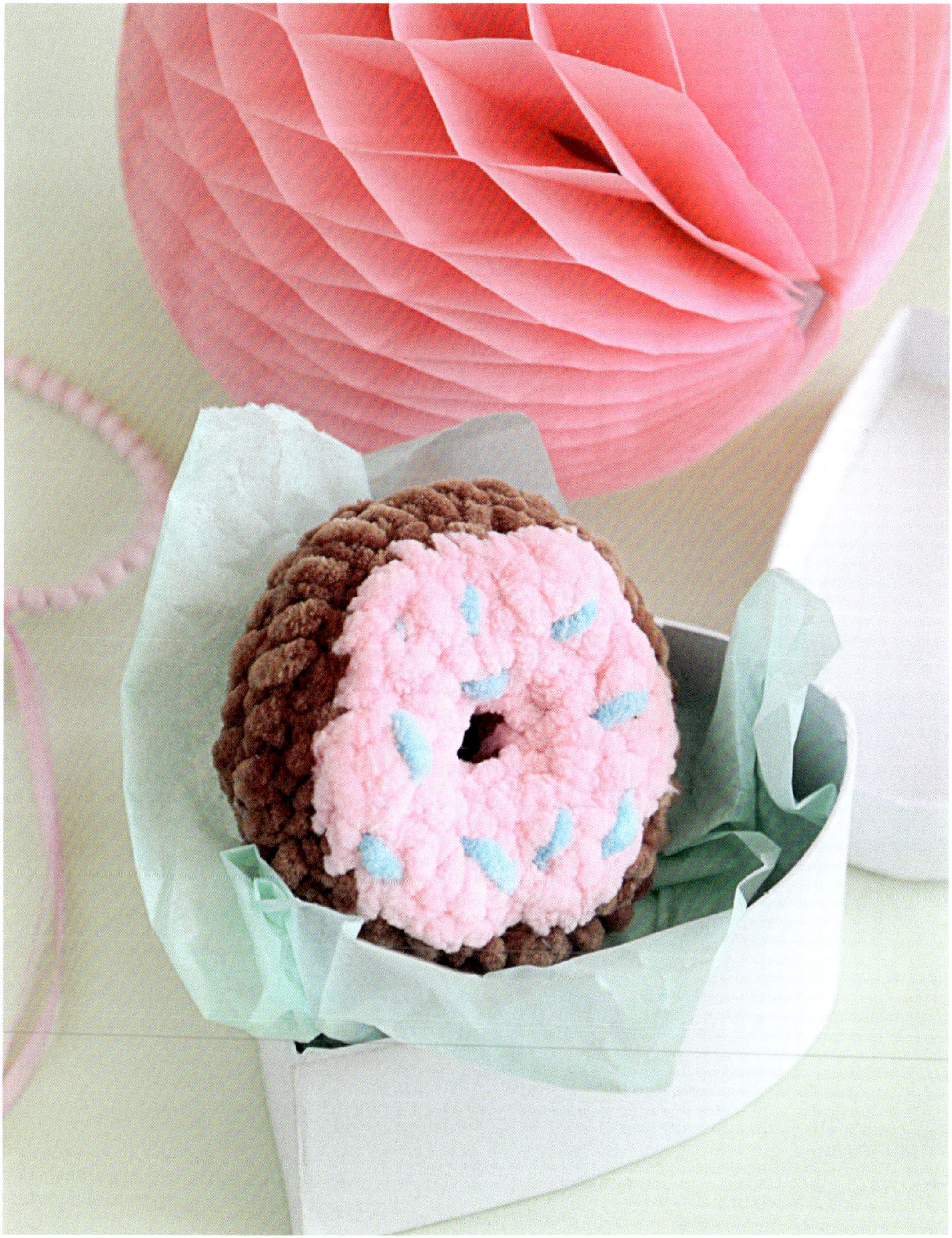

ZUCKERGUSS

Häkle in Ferkel eine Lm-Kette aus 11 M und schließe diese mit 1 Km in die letzte Lm zum Kreis.

2. Rd: Jede M verdoppeln (= 20 fM).

3. Rd: * 3 hStb in 1 M, 1 Km, 1 fM *, von * bis * noch 5x wdh, 3 hStb, 1 Km (= 34 fM).

Fertigstellung

Nähe den Zuckerguss auf einer Seite des Donuts an und sticke nach Wunsch bunte Streusel darauf.

Quick-Tipp

Mit Musik im Flow

Im Sportbereich ist bereits erwiesen, dass Musik uns zu Höchstleitungen motivieren kann. Der Grund: Der Rhythmus hilft uns, in einen „Flow"-ähnlichen Zustand zu kommen, also in das vollkommene Eintauchen in eine Aktivität. Beim Häkeln kann man diesen Trick auch nutzen – und mehr Spaß macht es mit guter Musik auch noch!

Klemmschutz TÜRSTOPPER

Mit diesem praktischen Tool klemmen sich die Kids nicht mehr so schnell die Finger ein!

Zeitaufwand

GRÖSSE

ca. 30 cm lang

MATERIAL

- Katia Bambi (100 % Polyester, LL 120 m/100 g) in Rot (Fb 312) und Weiß (Fb 300), je ca. 30 g
- myboshi Samt (100 % Polyester, LL 100 m/100 g) in Elefant, ca. 20 g
- Häkelnadel 6,0 mm
- Vernähnadel

SO WIRD'S GEMACHT

Gehäkelt werden zuerst zwei identische Rechtecke mit Aussparungen für die Türklinken. Danach werden die Rechtecke übereinandergelegt und an der Außenkante mit fM zusammengehäkelt. Es wird in R gehäkelt. Am Ende jeder R 1 Lm häkeln und die Arbeit wenden.

In Rot 31 Lm anschl.

2. R: 1 fM in jede M der Vor-Rd (= 30 fM).

Fb-Wechsel zu Weiß.

3.–4. R: 1 fM in jede M der Vor-Rd (= 30 fM).

Fb-Wechsel zu Rot.

5. R: 2 fM, 5 Lm, in die 8. M wieder einstechen, 15 fM, 8 Lm (= 30 fM).

6. R: Häkle fM, auch entlang der Lm (= 30 fM).

Fb-Wechsel zu Weiß.

7.–8. R: 1 fM in jede M der Vor-R (= 30 fM).

Fertigstellung

Lege die beiden Teile übereinander und häkle sie entlang der Außenkante in Elefant mit fM zusammen. Umhäkle das Loch für die Klinke ebenfalls. Fädle an dem offenen Ende auf beiden Seiten 3 Fäden ein, flicht diese und sichere sie jeweils mit einem Knoten.

Quick-Tipp

Keine Ablenkung

Vor dem TV zu häkeln ist super entspannend, aber gleichzeitig lenkt es auch vom Projekt ab. Weil die Handlung gerade so spannend ist, verzählt man sich schnell mal und ist generell langsamer, weil die Aufmerksamkeit geteilt ist.

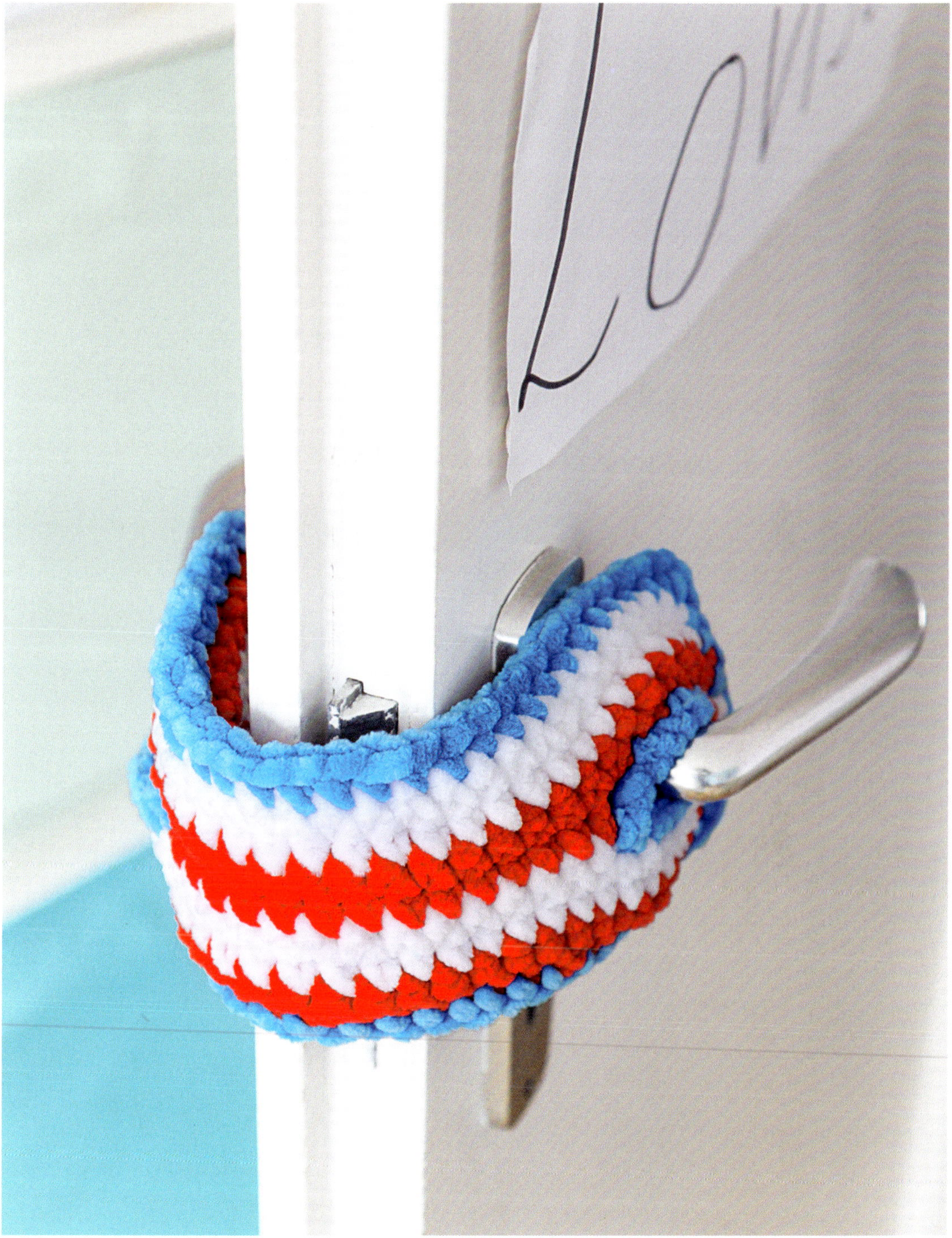

Klein, aber oho

HÄNGEUTENSILO

Hier finden alle Dinge Platz, die man schnell griffbereit haben will.

Zeitaufwand

GRÖSSE

ca. 15 cm hoch

MATERIAL

- myboshi Samt (100 % Polyester, LL 100 m/100 g) in Elefant, ca. 20 g
- Häkelnadel 6,0 mm
- Vernähnadel

SO WIRD'S GEMACHT

Es wird in Rd von unten nach oben gehäkelt. Durch das Einarbeiten von 8 Lm in der vorletzten Rd entsteht die Hängeschlaufe.

UTENSILO

In Elefant einen Magic Ring legen und wie folgt häkeln:

1. Rd: 6 fM.

2. Rd: Jede M verdoppeln (= 12 fM).

3. Rd: Jede 2. M verdoppeln (= 18 fM).

4. Rd: Jede 3. M verdoppeln (= 24 fM).

5. Rd: Jede 4. Masche verdoppeln (= 30 fM).

6. Rd: Jede 5. Masche verdoppeln (= 36 fM).

7. Rd: Jede 6. Masche verdoppeln (= 42 fM).

8.–12. Rd: 1 fM in jede M der Vor-Rd (= 42 fM).

13. Rd: * 5 fM, 1 M abn *, von * bis * noch 5x wdh (= 36 fM).

14. Rd: 1 fM in jede M der Vor-Rd (= 36 fM).

15. Rd: * 4 fM, 1 M abn *, von * bis * noch 5x wdh (= 30 fM).

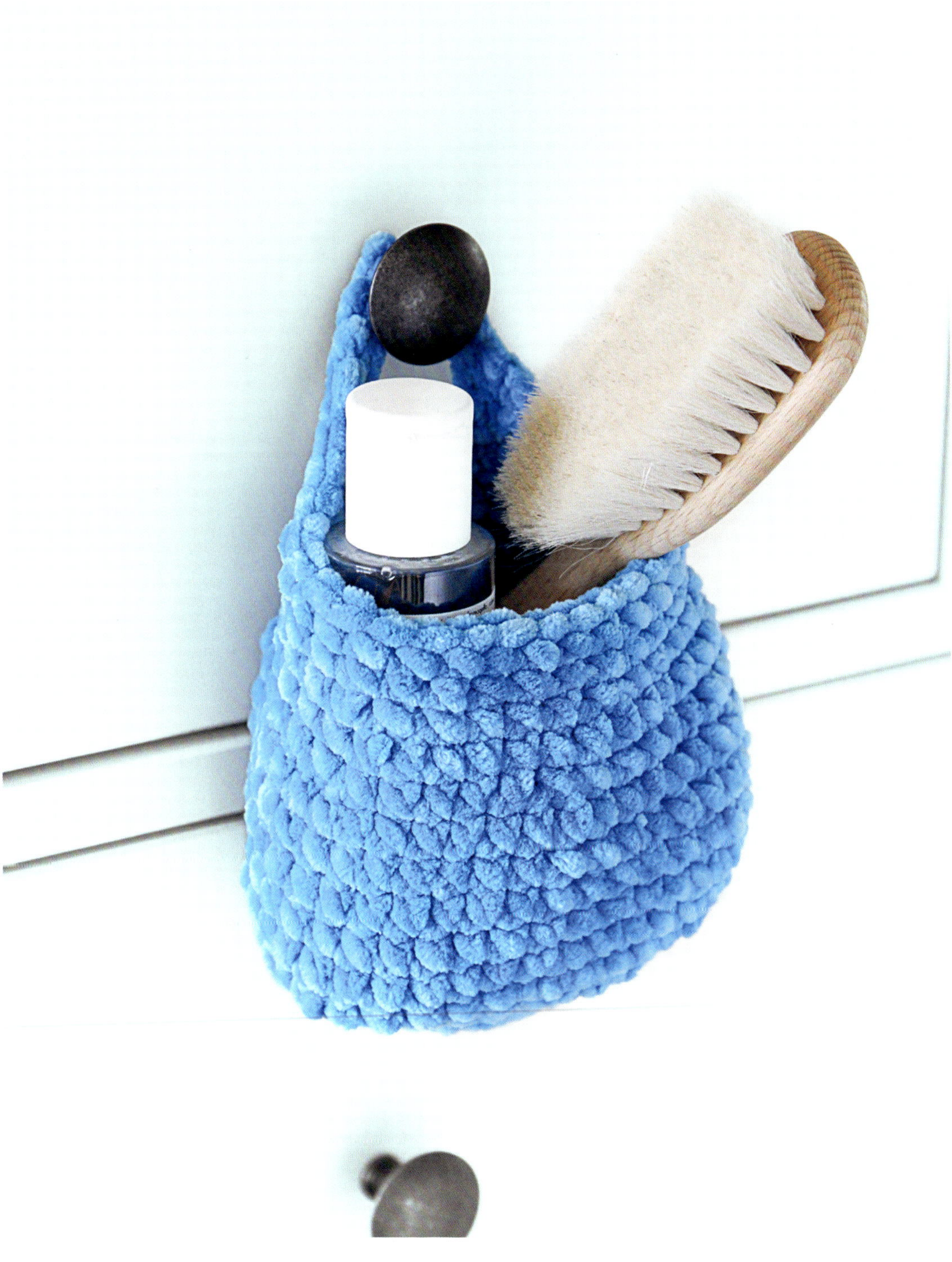

16. Rd: Häkle 8 Lm, überspringe 4 M und stich in die 5. M wieder ein und häkle an dieser Stelle weiter bis zum Rd-Ende.

17. Rd: 1 fM in jede M der Vor-Rd (= 34 fM).

Fertigstellung

Den Faden lang abschneiden. Alle Fäden sorgfältig vernähen.

Quick-Tipp

In Etappen häkeln

Bei größeren Häkelprojekten wie z. B. Kleidungsstücken, ist es sinnvoll, sich selbst Etappen zu setzen. Beispiel: „Heute häkle ich den gesamten linken Ärmel fertig." So gibt man sich selbst einen Ansporn, schneller zu häkeln, um das Etappenziel zu erreichen.

Fruchtige

KNISTERMELONE

Dieser sommerliche Greifling ist nicht nur besonders kuschelig, sondern knistert auch noch!

Zeitaufwand

GRÖSSE

ca. 12x 14 cm

MATERIAL

- myboshi Samt (100 % Polyester, LL 100 m/100 g) in Elefant, ca. 20 g
- Häkelnadel 6,0 mm
- Vernähnadel
- Knisterfolie

SO WIRD'S GEMACHT

Es wird in Rd von unten nach oben gehäkelt. Durch das Einarbeiten von 8 Lm in der vorletzten Rd entsteht die Hängeschlaufe.

In Rot einen Magic-Ring legen und wie folgt in Spiral-Rd fM häkeln:

1. Rd: 5 fM.

2. Rd: 1 fM, 1 M zun, 1 fM, 1 M zun, 1 fM (= 7 fM).

3. Rd: * 1 fM, 1 M zun *, von * bis * noch 2x wdh, 1 fM (= 10 fM).

4. Rd: * 1 fM, 1 M zun *, von * bis * noch 4x wdh (= 15 fM).

5. Rd: * 2 fM, 1 M zun *, von * bis * noch 4x wdh (= 20 fM).

6. Rd: * 3 fM, 1 M zun *, von * bis * noch 4x wdh (= 25 fM).

7. Rd: * 4 fM, 1 M zun *, von * bis * noch 4x wdh (= 30 fM).

8.–13. Rd: 1 fM in jede M der Vor-Rd (= 30 fM), dabei nach der 10. Rd zu Weiß, nach der 11. Rd zu Smaragd wechseln. Dann den gehäkelten Kreis zum Halbkreis zuslegen sowie die Knisterfolie dazwischenlegen und die äußere Rundung mit 1 R fM (= 15 fM) zusammenhäkeln. Den Faden abschneiden und vernähen.

Fertigstellung

Für die Kerne in Schwarz unregelmäßig verteilt einige Spannstiche aufsticken.

Quick-Tipp

Die richtige Masche

Wer selbst ein Design z. B. für ein größeres Projekt plant, kann sich mit der richtigen Maschenwahl einen Gefallen tun. Für ein Projekt, das ausschließlich aus festen Maschen besteht, wird man länger brauchen als für ein Modell, das mit Stäbchen gehäkelt wird. Das liegt einfach daran, dass Stäbchen höher sind als feste Maschen und dadurch mehr Platz einnehmen.

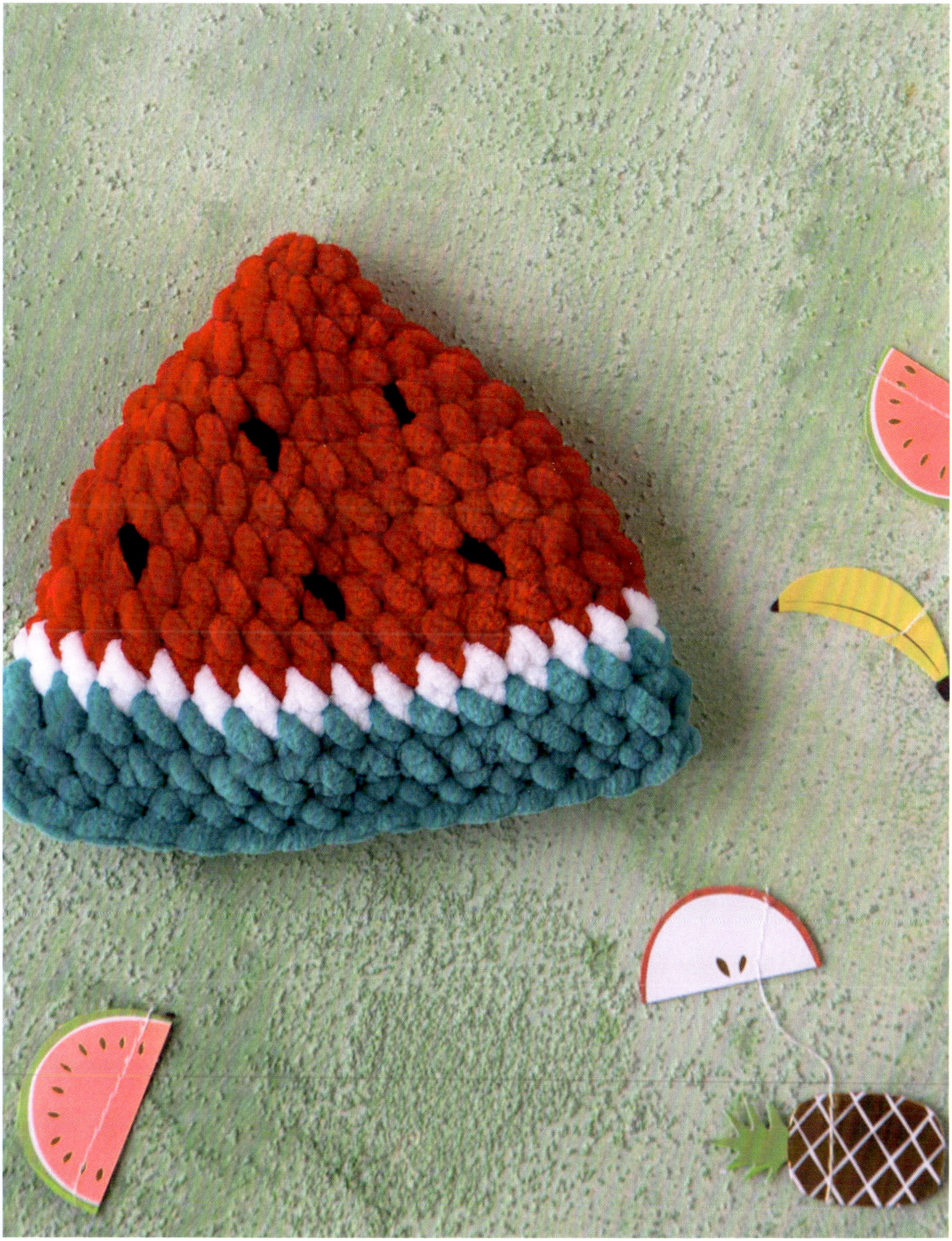

Holy Guacamole

AVOCADO

Die Trendfrucht eignet sich für die Kinder-Spielküche oder als witziges Deko-Objekt.

Zeitaufwand

GRÖSSE

ca. 5,5 x 8 cm

MATERIAL

- Woll Butt Camilla (100 % Baumwolle, LL 125 m/50 g) in Grün, Hellgrün und Schoko, je Reste
- Häkelnadel 3,0 mm
- Füllwatte
- Vernähnadel

SO WIRD'S GEMACHT

Die Ober- und Unterseite einzeln von innen nach außen häkeln und anschließend zusammenhäkeln.

In Spiral-Rd bzw. in R häkeln. Wird in R gehäkelt, jede R mit 1 Wende-Lm beginnen.

OBERSEITE

In Schoko einen Magic Ring legen und wie folgt häkeln:

1. Rd: 6 fM.

2. Rd: Jede M verdoppeln (= 12 fM).

3. und 4. Rd: fM häkeln.

5. Rd: Zu Hellgrün wechseln, jede M verdoppeln (= 24 fM).

6. Rd: Jede 2. M verdoppeln (= 36 fM).

7. Rd: fM häkeln.

Dann für die ovale Form wie folgt in R weiterhäkeln:

1. R: 7 fM häkeln.

2. R: fM häkeln, dabei die 1. M überspringen (= 6 fM).

3.–5. R: Wie die 2. R häkeln (= 3 fM).

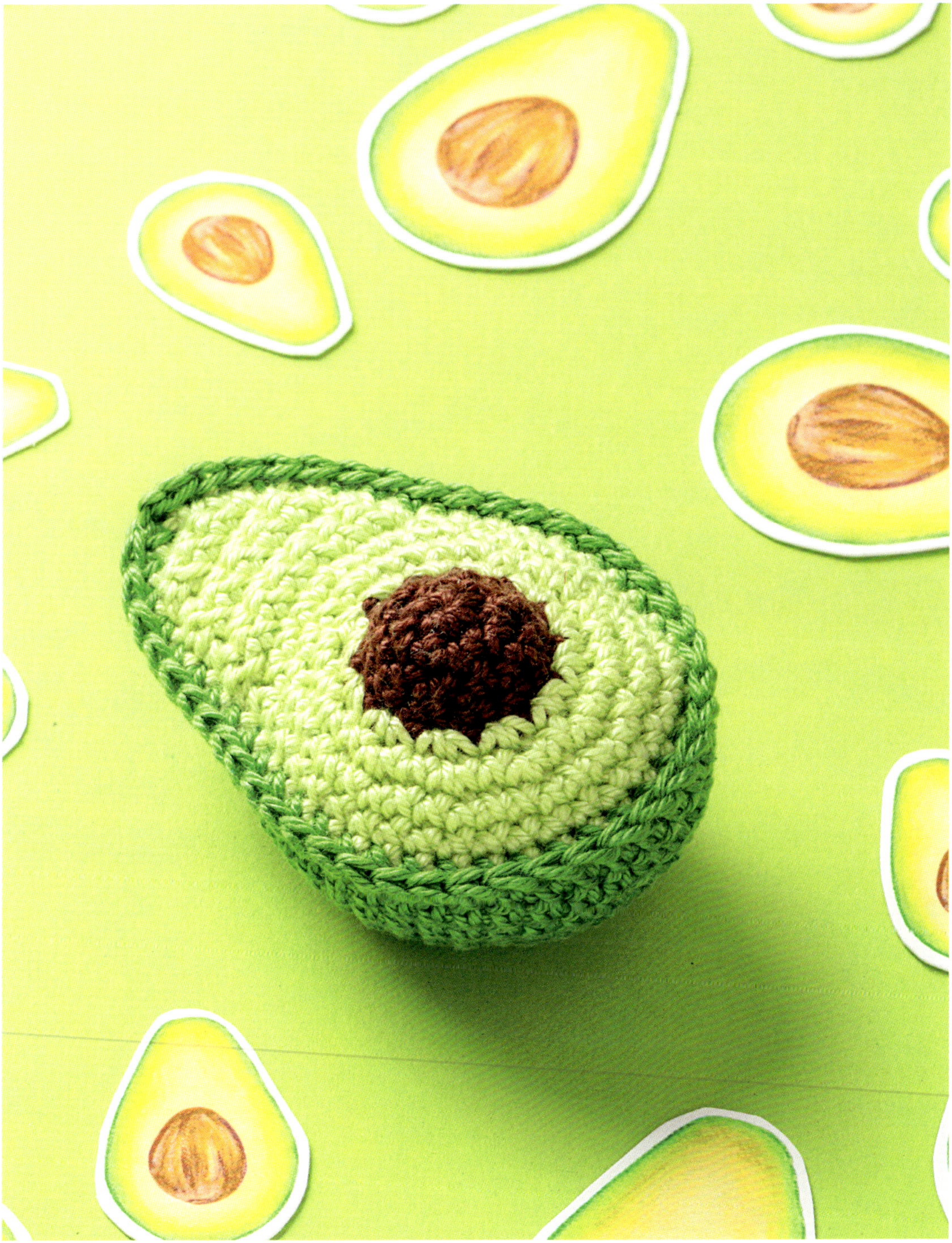

Anschließend das gesamte Teil mit 1 Rd fM umhäkeln, dabei gleichmäßig verteilt 44 fM arbeiten, dafür an den seitlichen Rändern der 1.–5. R pro Seite 2 fM zusätzlich häkeln. Den Faden lang abschneiden.

UNTERSEITE

In Grün einen Magic Ring legen und wie folgt häkeln:

1. Rd: 6 fM.

2. Rd: Jede M verdoppeln (= 12 fM).

3. Rd: Jede 2. M verdoppeln (= 18 fM).

4. Rd: Jede 3. M verdoppeln (= 24 fM).

5. Rd: Jede 4. M verdoppeln (= 30 fM).

6. Rd: Jede 5. M verdoppeln (= 36 fM).

Anschließend für die ovale Form die 1.–5. R wie bei der Oberseite ausführen und das Teil genauso umhäkeln. Dann noch weitere 3 Rd fM häkeln. Den Faden nicht abschneiden.

Fertigstellen

Die Ober- und Unterseite Rückseite an Rückseite aufeinanderlegen und in Grün mit einer Rd fM zushäkeln, dabei die Avocado mit Füllwatte ausstopfen.

Exotischer GECKO

Der perfekte Begleiter für kleine und große Entdecker!

Zeitaufwand

GRÖSSE

ca. 25 cm lang

MATERIAL

- Katia Velvet Fine (100 % Polyester, LL 160 m/50 g) in Flaschengrün (Fb 214), ca. 15 g
- Häkelnadel 3,5 mm
- 2 schwarze Sicherheitsaugen, ø 5 mm
- Füllwatte
- Vernähnadel

SO WIRD'S GEMACHT

Den Kopf mit Körper und Schwanz von vorn nach hinten an einem Stück häkeln, dabei während des Häkelns nach und nach, ca. bis zur 34. Rd, locker mit Füllwatte stopfen. Das restliche Schwanzstück bleibt ungefüllt. Die Beine einzeln häkeln und annähen.

KOPF MIT KÖRPER UND SCHWANZ

Einen Magic-Ring legen und wie folgt in Spiral-Rd fM häkeln:

1. Rd: 6 fM.

2. Rd: * 1 fM, 1 M zun *, von * bis * noch 2x wdh (= 9 fM).

3. Rd: * 2 fM, 1 M zun *, von * bis * noch 2x wdh (= 12 fM).

4. Rd: * 3 fM, 1 M zun *, von * bis * noch 2x wdh (= 15 fM).

5. Rd: * 4 fM, 1 M zun *, von * bis * noch 2x wdh (= 18 fM).

6.–11. Rd: 1 fM in jede M der Vor-Rd (= 18 fM).

Nun die Augen zwischen der 6. und 7. Rd anbringen, dabei zwischen beiden Augen einen Abstand von 2,5 cm lassen.

12. Rd: * 1 fM, 1 M abn *, von * bis * noch 5x wdh (= 12 fM).

13. Rd: 1 fM in jede M der Vor-Rd (= 12 M).

14. Rd: * 1 fM, 1 M zun *, von * bis * noch 5x wdh (= 18 fM).

15. Rd: * 2 fM, 1 M zun *, von * bis * noch 5x wdh (= 24 fM).

16.–26. Rd: 1 fM in jede M der Vor-Rd (= 24 fM).

27. Rd: * 2 fM, 1 M abn *, von * bis * noch 5x wdh (= 18 fM).

28. Rd: 1 fM in jede M der Vor-Rd (= 18 fM).

29. Rd: * 2 fM, 1 M zun *, von * bis * noch 5x wdh (= 24 fM).

30. Rd: 1 fM in jede M der Vor-Rd (= 24 fM).

31. Rd: * 2 fM, 1 M abn *, von * bis * noch 5x wdh (= 18 fM).

32.–35. Rd: 1 fM in jede M der Vor-Rd (= 18 fM).

36. Rd: * 2 fM, 1 M abn *, von * bis * noch 3x wdh, 2 fM (= 14 fM).

37.–42. Rd: 1 fM in jede M der Vor-Rd (= 14 fM).

43. Rd: * 2 fM, 1 M abn *, von * bis * noch 2x wdh, 2 fM (= 11 fM).

44.–49. Rd: 1 fM in jede M der Vor-Rd (= 11 fM).

50. Rd: * 1 fM, 1 M abn *, von * bis * noch 2x wdh, 2 fM (= 8 fM).

51.–56. Rd: 1 fM in jede M der Vor-Rd (= 8 fM).

57. Rd: 4x je 1 M abn (= 4 M).

58.–60. Rd: 1 fM in jede M der Vor-Rd (= 4 fM).

Den Faden abschneiden, die M der letzten Rd damit zusziehen und den Faden vernähen.

Beine mit Füßen (4x arbeiten).

5 Lm anschl und in die 2.–4. Lm von der Nd aus je 1 fM häkeln (= 3 fM), in die letzte Lm 1 hStb, 1 Km, 1 hStb, 1 Stb, 1 hStb, 1 Km, 1 hStb und 1 Km häkeln. Den Faden lang abschneiden.

Fertigstellung

Die Beine an den Körper nähen und die Fäden vernähen.

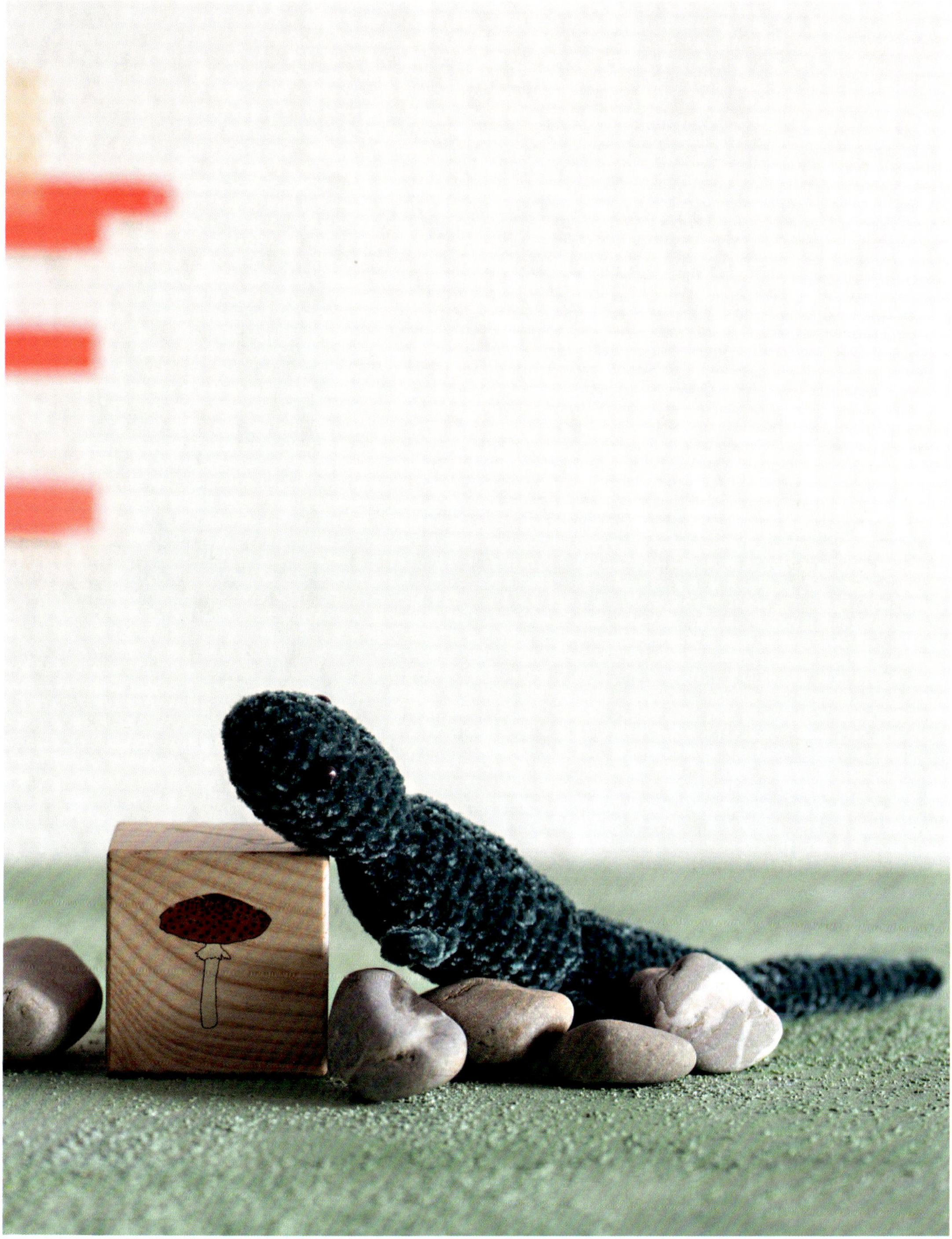

Freches FUCHSUTENSILO

Wer sein Hab und Gut in diesem praktischen Helferlein aufbewahrt, ist ein echter Fuchs!

Zeitaufwand

GRÖSSE

ca. 31 cm lang

MATERIAL

- Katia Bambi (100 % Polyester, LL 120 m/100 g) in Koralle (Fb 313), ca. 60 g, und Weiß (Fb 300), Rest
- myboshi Samt (100 % Polyester, LL 100 m/100 g) in Biber, Rest
- Häkelnadel 6,0 mm
- Füllwatte
- Vernähnadel

SO WIRD'S GEMACHT

Den Fuchsschwanz von oben nach unten häkeln und während des Häkelns locker mit Füllwatte ausstopfen. Das Utensilo selbst von unten nach oben häkeln. Dann beide Teile zusammennähen.

FUCHSSCHWANZ

In Koralle einen Magic-Ring legen und wie folgt in Spiral-Rd fM häkeln:

1. Rd: 6 fM.

2. Rd: Jede M verdoppeln (= 12 fM).

3. Rd: Jede 2. M verdoppeln (= 18 fM).

4. Rd: Jede 3. M verdoppeln (= 24 fM).

5. Rd: Jede 4. M verdoppeln (= 30 fM).

6.–8. Rd: 1 fM in jede M der Vor-Rd (= 30 fM).

9. Rd: * 3 fM, 1 M abn *, von * bis * noch 5x wdh (= 24 fM).

10.–12. Rd: 1 fM in jede M der Vor-Rd (= 24 fM).

13. Rd: * 2 fM, 1 M abn *, von * bis * noch 5x wdh (= 18 fM).

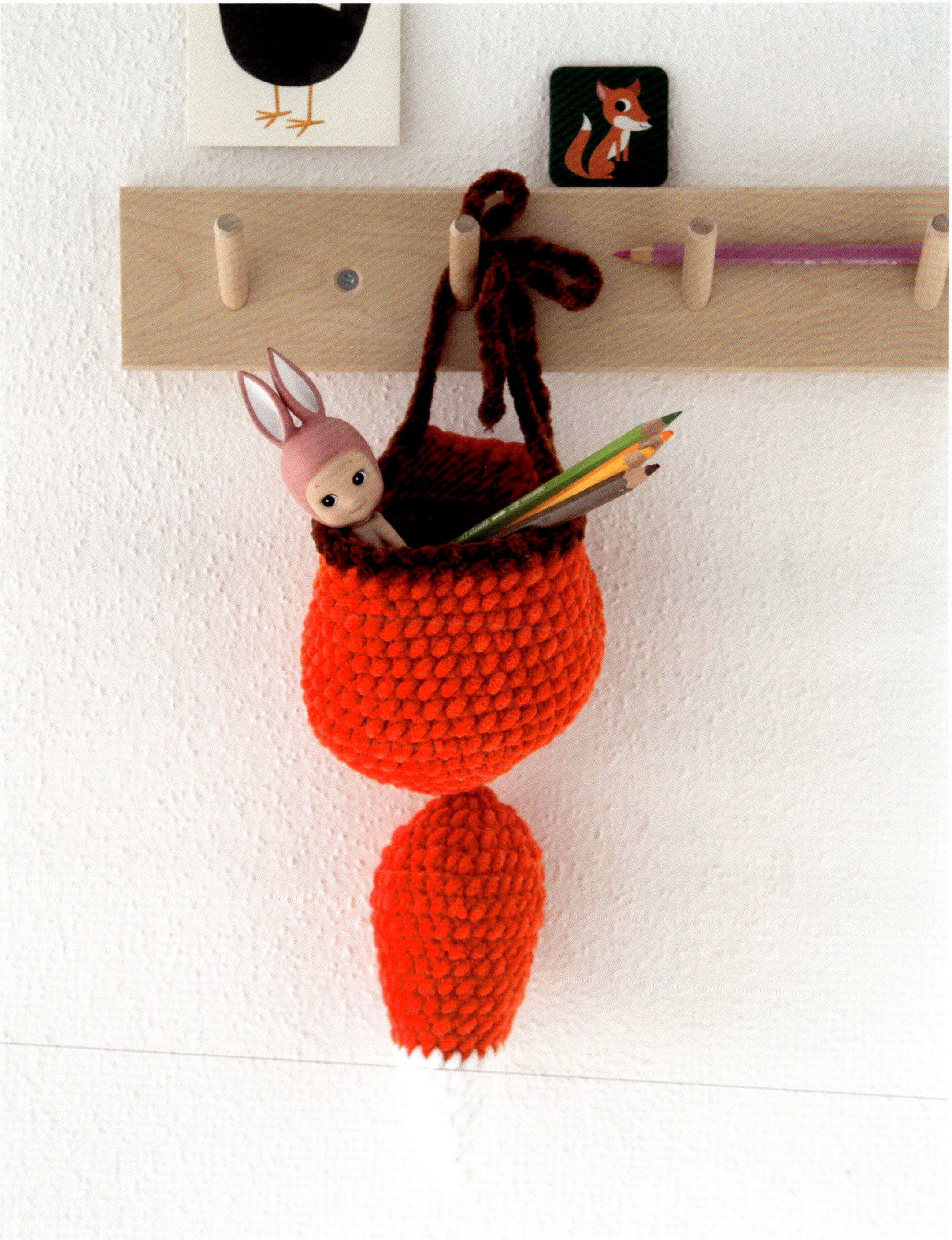

14.–16. Rd: 1 fM in jede M der Vor-Rd (= 18 fM), dabei nach der 14. Rd zu Weiß wechseln.

17. Rd: * 1 fM, 1 M abn *, von * bis * noch 5x wdh (= 12 fM).

18. und 19. Rd: 1 fM in jede M der Vor-Rd (= 12 fM).

20. Rd: 6x je 1 M abn (= 6 fM).

21. Rd: 1 fM in jede M der Vor-Rd (= 6 fM).

Den Faden lang abschneiden und evtl. noch etwas Füllwatte nachstopfen. Dann die M der letzten Rd mit dem Faden zusziehen und diesen vernähen.

UTENSILO

In Korallen einen Magic-Ring legen und wie folgt in Spiral-Rd fM häkeln:

1. Rd: 6 fM.

2. Rd: Jede M verdoppeln (= 12 fM).

3. Rd: Jede 2. M verdoppeln (= 18 fM).

4. Rd: Jede 3. M verdoppeln (= 24 fM).

5. Rd: Jede 4. M verdoppeln (= 30 fM).

6. Rd: Jede 5. M verdoppeln (= 36 fM).

7. Rd: Jede 6. M verdoppeln (= 42 fM).

8.–15. Rd: 1 fM in jede M der Vor-Rd (= 42 fM).

16. Rd: * 4 fM, 1 M abn *, von * bis * noch 5x wdh (= 36 fM).

17. Rd: 1 fM in jede M der Vor-Rd (= 36 fM).

Den Faden abschneiden und vernähen. Dann für den oberen Rand und die Bindebänder 40 Lm in Biber anschl, 30x je 1 fM in jede M der Vor-Rd häkeln (6 fM der 17. Rd bleiben unbehäkelt) und noch 1x 40 Lm arbeiten. Den Faden abschneiden und vernähen.

Fertigstellung

Schwanz und Utensilo zusammennähen und alle Fäden vernähen.

Klingende ENTDECKERORANGE

Der klassische Spielball bekommt mithilfe des Glöckchens eine Extraportion Spaß eingebaut.

Zeitaufwand

GRÖSSE

ø ca. 8 cm

MATERIAL

- Katia Bambi (100 % Polyester, LL 120 m/100 g) in Korallen (Fb 313), ca. 20 g
- Häkelnadel 6,0 mm
- Füllwatte
- Vernähnadel
- kleines Plasik-Ei (z. B. von einem Überraschungsei), mit einer kleinen Schelle oder einem Glöckchen gefüllt

SO WIRD'S GEMACHT

Die Orange während des Häkelns nach und nach mit Füllwatte ausstopfen und rechtzeitig das Plastik-Ei einlegen.

In Korallen einen Magic-Ring legen und wie folgt in Spiral-Rd fM häkeln:

1. Rd: 6 fM.

2. Rd: Jede M verdoppeln (= 12 fM).

3. Rd: Jede 2. M verdoppeln (= 18 fM).

4. Rd: Jede 3. M verdoppeln (= 24 fM).

5. Rd: Jede 4. M verdoppeln (= 30 fM).

6.–9. Rd: 1 fM in jede M der Vor-Rd (= 30 fM).

10. Rd: * 3 fM, 1 M abn *, von * bis * noch 5x wdh (= 24 fM).

11. Rd: * 2 fM, 1 M abn *, von * bis * noch 5x wdh (= 18 fM).

Nun das Plastik-Ei einlegen, dabei dieses rundum gut mit Füllwatte abpolstern.

12. Rd: * 1 fM, 1 M abn *, von * bis * noch 5x wdh (= 12 fM).

13. Rd: 6x je 1 M abn (= 6 fM).

Den Faden lang abschneiden und evtl. noch etwas Füllwatte nachstopfen. Dann die M der letzten Rd mit dem Faden zusziehen und diesen vernähen.

Quick-Tipp

Anleitung aufmerksam lesen
Auch wenn man direkt loslegen möchte, macht es Sinn, sich die Anleitung eines Projekts vorher einmal vollständig durchzulesen. So weiß man genau, was auf einen zukommt, und baut nicht unbeabsichtigt Fehler ein, deren Ausbesserung Zeit und Mehrarbeit kostet.

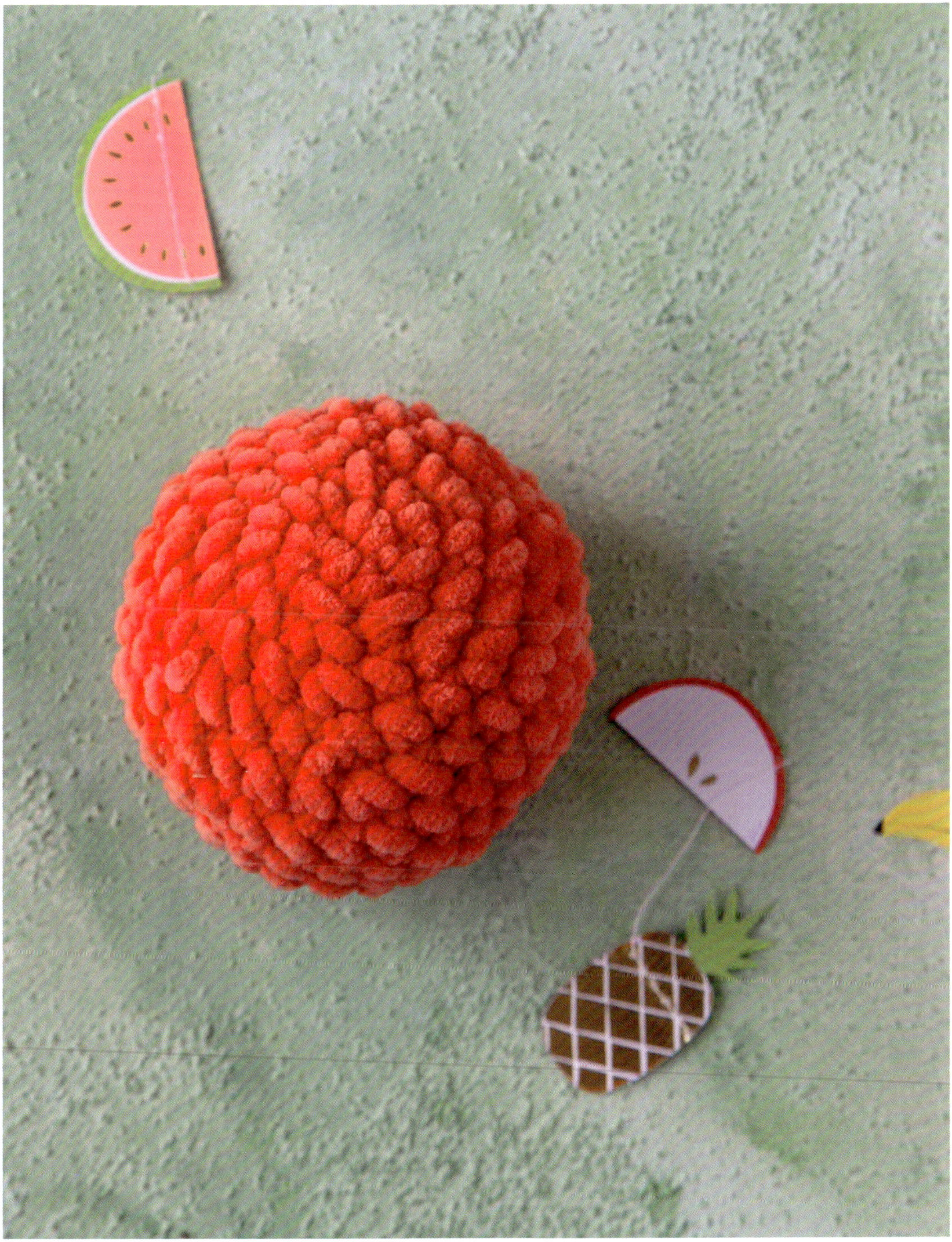

Sauer macht lustig

LIMETTENRASSEL

Kleine Nachwuchsmusiker werden an diesem Obst große Freude haben.

Zeitaufwand

GRÖSSE

ø ca. 7 cm

MATERIAL

- myboshi Samt (100 % Polyester, LL 100 m/100 g) in Frosch, ca. 30 g
- Häkelnadel 6,0 mm
- Füllwatte
- Vernähnadel
- kleines Plasik-Ei (z. B. von einem Überraschungsei) mit einem Glöckchen, trockenem Reis oder Erbsen gefüllt

SO WIRD'S GEMACHT

Die Zitrone während des Häkelns nach und nach mit Füllwatte ausstopfen und rechtzeitig das Plastik-Ei einlegen.

Einen Magic-Ring legen und wie folgt in Spiral-Rd fM häkeln:

1. Rd: 6 fM.

2. Rd: 1 fM in jede M der Vor-Rd (= 6 fM).

3. Rd: Jede M verdoppeln (= 12 fM).

4. Rd: Jede 2. M verdoppeln (= 18 fM).

5.–9. Rd: 1 fM in jede M der Vor-Rd (= 18 fM).

10. Rd: * 1 fM, 1 M abn *, von * bis * noch 5x wdh (= 12 fM).

Nun das Plastik-Ei einlegen, dabei dieses rundum gut mit Füllwatte abpolstern.

11. Rd: 6x je 1 M abn (= 6 fM).

12. Rd: 1 fM in jede M der Vor-Rd (= 6 fM).

Den Faden lang abschneiden und evtl. noch etwas Füllwatte nachstopfen. Dann die M der letzten Rd mit dem Faden zusziehen und diesen vernähen.

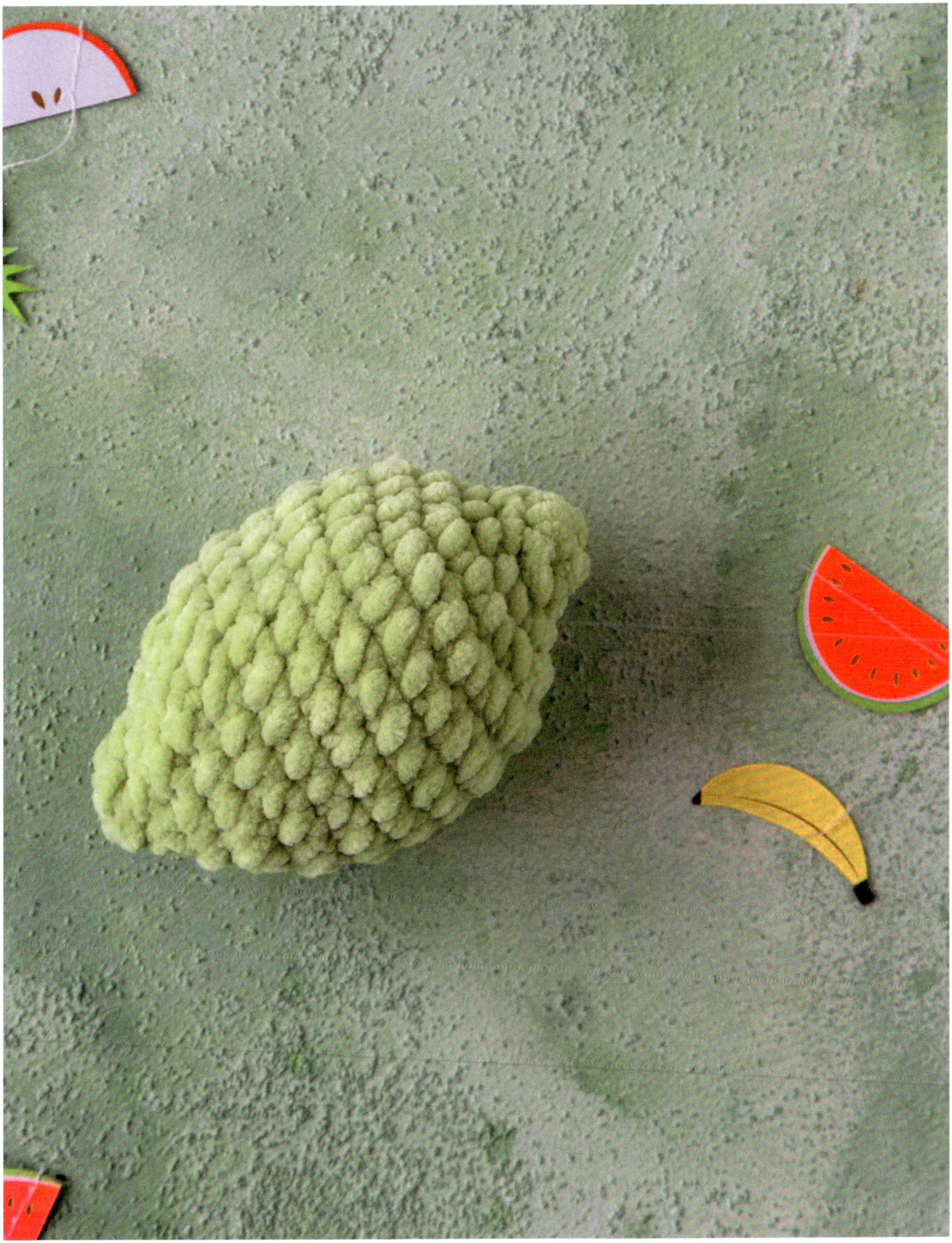

Dinotastische BUCHSTÜTZE

Dieses Ei sorgt für echtes Urzeit-Feeling im Bücherregal!

Zeitaufwand

GRÖSSE

ca. 18 cm hoch

MATERIAL

- Katia Bambi (100 % Polyester, LL 120 m/100 g) in Lachsorange (Fb 321), ca. 50 g und in Korallen (Fb 313), Rest
- Häkelnadel 6,0 mm
- Füllwatte
- Vernähnadel
- mit Sand gefüllte Plastiktüte zum Beschweren

SO WIRD'S GEMACHT

Das Ei von unten nach oben häkeln, dabei während des Häkelns die Sandtüte einlegen und den restlichen Hohlraum fest mit Füllwatte ausstopfen. Die Punkte einzeln häkeln und aufnähen.

EI

In Lachsorange einen Magic-Ring legen und wie folgt in Spiral-Rd fM häkeln:

1. Rd: 6 fM.

2. Rd: Jede M verdoppeln (= 12 fM).

3. Rd: Jede 2. M verdoppeln (= 18 fM).

4. Rd: Jede 3. M verdoppeln (= 24 fM).

5. Rd: Jede 4. M verdoppeln (= 30 fM).

6. Rd: Jede 5. M verdoppeln (= 36 fM).

7.–11. Rd: 1 fM in jede M der Vor-Rd (= 36 fM).

12. Rd: * 4 fM, 1 M abn *, von * bis * noch 5x wdh (= 30 fM).

13.–20. Rd: 1 fM in jede M der Vor-Rd (= 30 fM).

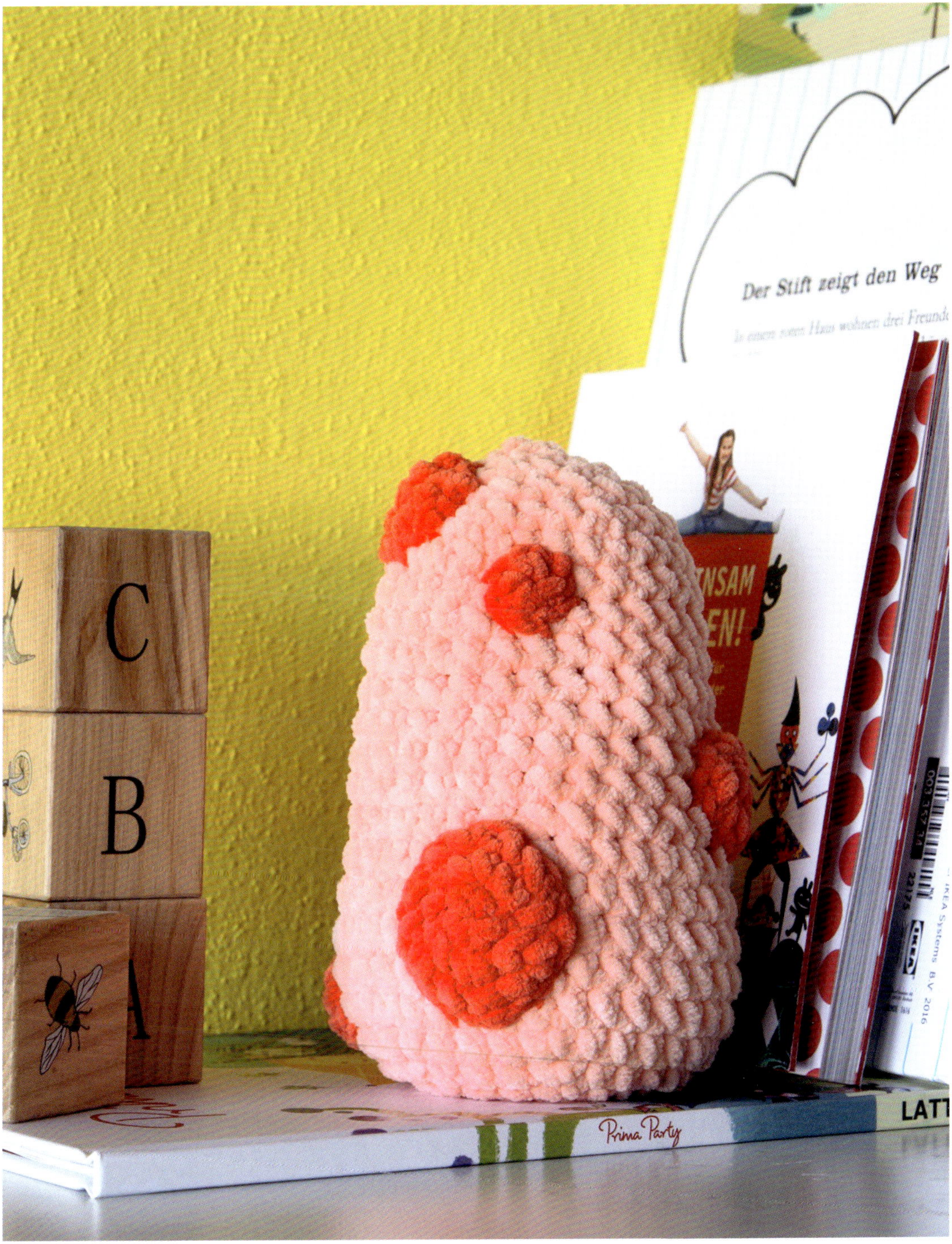
Der Stift zeigt den Weg
C
B
A
Prima Party

21. Rd: * 3 fM, 1 M abn *, von * bis * noch 5x wdh (= 24 fM).

22. Rd: * 2 fM, 1 M abn *, von * bis * noch 5x wdh (= 18 fM).

Nun die Sandtüte in das Häkelteil einlegen und rundum mit Füllwatte polstern.

23. Rd: * 1 fM, 1 M abn *, von * bis * noch 5x wdh (= 12 fM).

24. Rd: 6x je 1 M abn (= 6 fM).

Den Faden lang abschneiden und evtl. noch etwas Füllwatte nachstopfen. Dann die M der letzten Rd mit dem Faden zuziehen und diesen vernähen.

PUNKTE

In Koralle einen Magic-Ring legen und wie folgt in Spiral-Rd fM häkeln:

1. Rd: 6 fM.

2. Rd: Jede M verdoppeln (= 12 fM).

3. Rd: Jede 2. M verdoppeln (= 18 fM).

Für die unterschiedlichen Größen drei Punkte nur bis zur 1. Rd, drei Punkte bis zur 2. Rd und zwei Punkte bis zur 3. Rd häkeln. Danach jeweils den Faden lang abschneiden.

Fertigstellung

Die Punkte unregelmäßig verteilt an das Ei nähen.

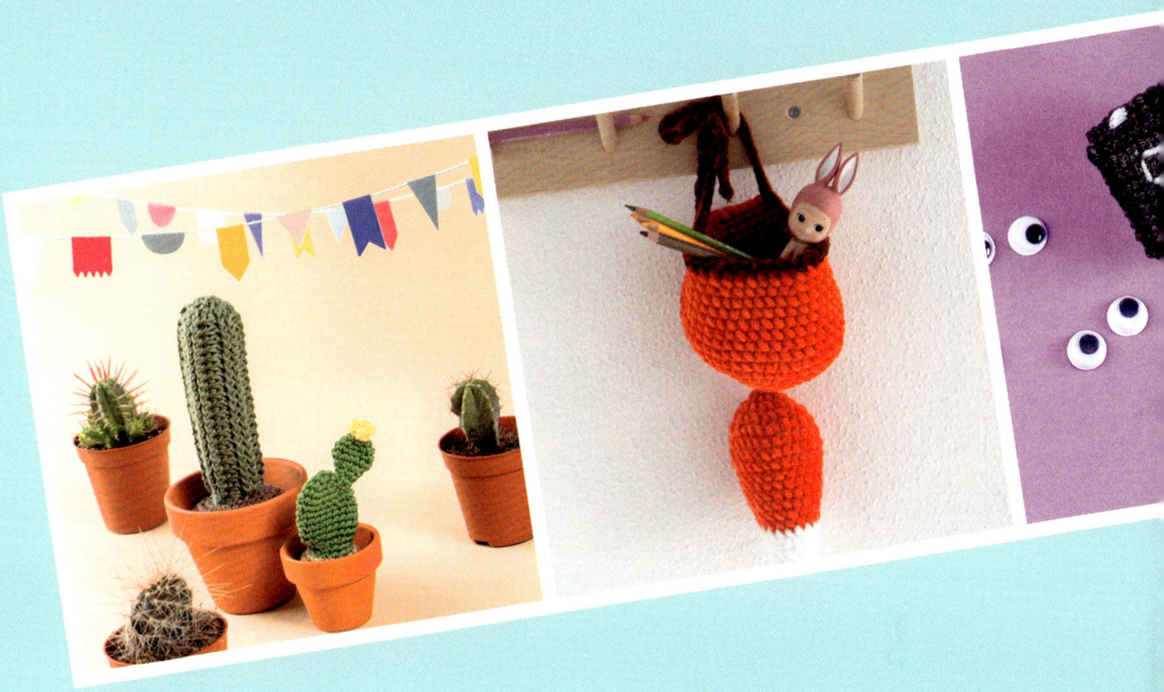

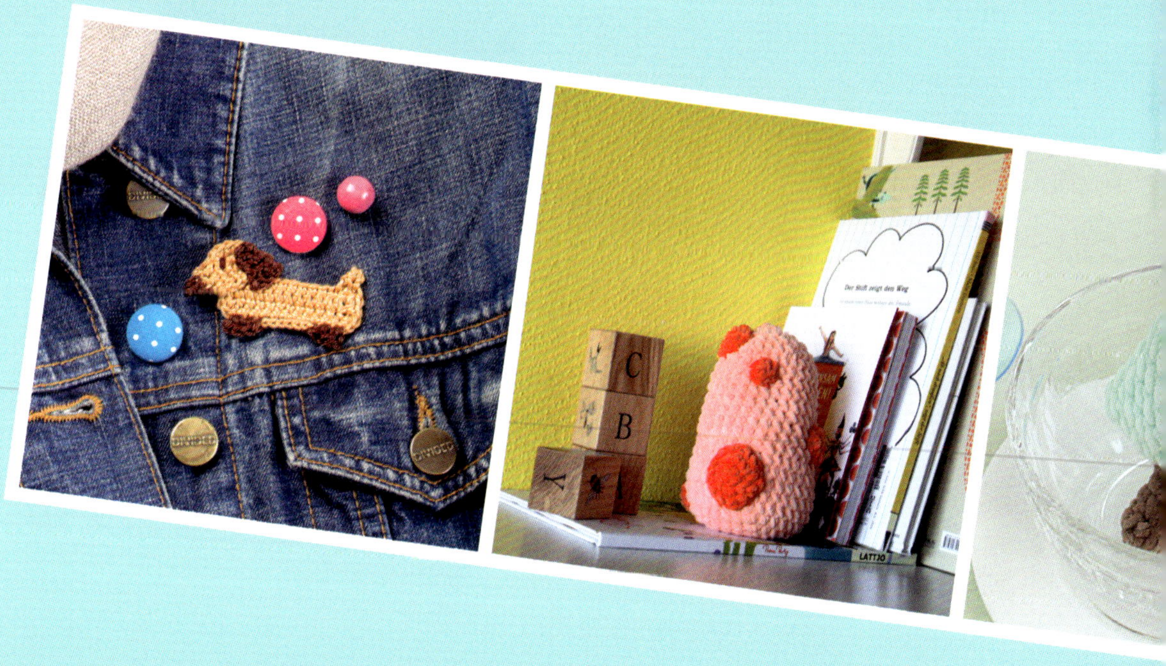

Noch mehr HÄKELSPASS

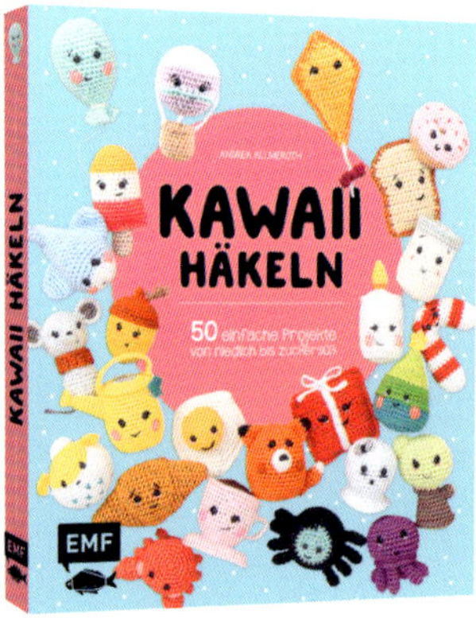

Kawaii häkeln
ISBN 978-3-96093-711-1
12,99 € (D), 13,40 € (A)

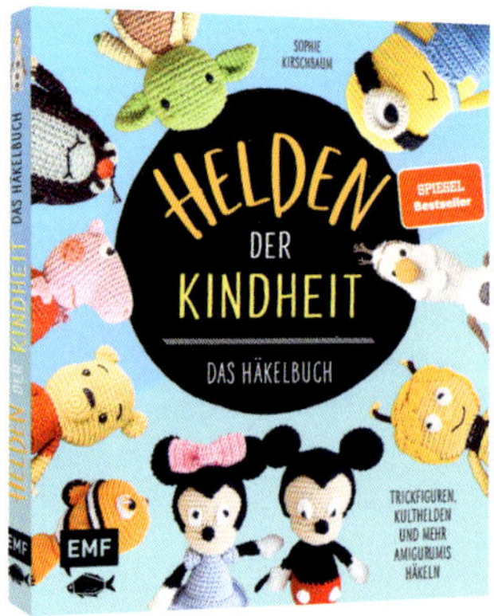

Helden der Kindheit – das Häkelbuch – Trickfiguren, Kulthelden und mehr Amigurumis häkeln
ISBN 978-3-96093-591-9
19,99 € (D), 20,60 € (A)

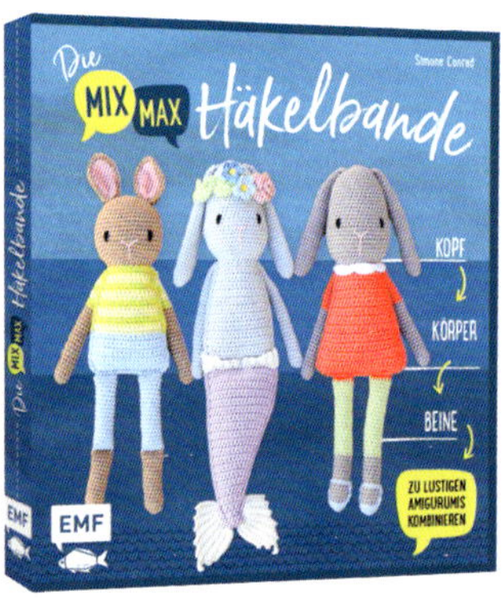

Die Mix-Max-Häkelbande
ISBN 978-3-96093-247-5
16,99 € (D), 17,50 € (A)

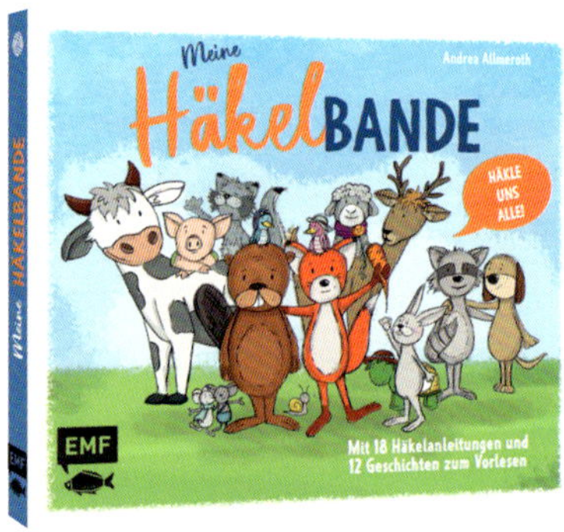

Meine Häkelbande – 18 Häkelanleitungen und 12 Geschichten zum Vorlesen
ISBN 978-3-96093-590-2
16,99 € (D), 17,50 € (A)

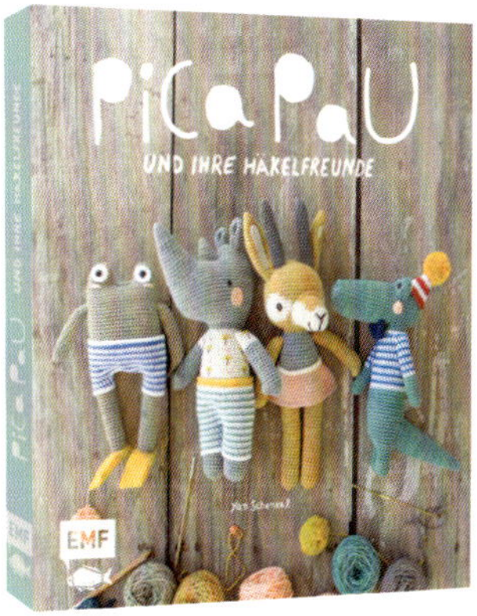

Pica Pau und ihre Häkelfreunde – Band 1
ISBN 978-3-86355-876-5
16,99 € (D), 17,50 € (A)

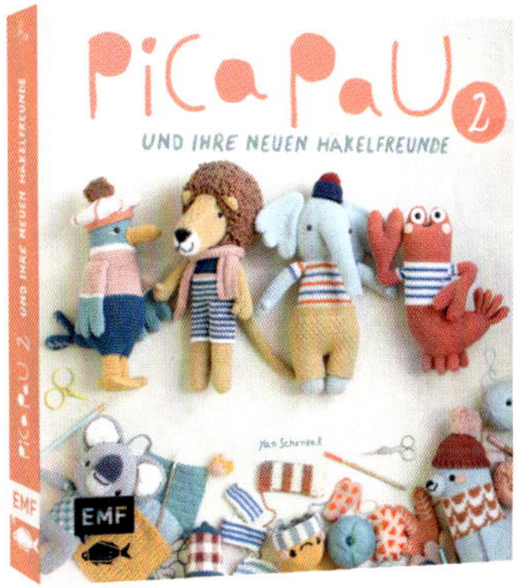

Pica Pau und ihre neuen Häkelfreunde – Band 2
ISBN 978-3-96093-789-0
17,99 € (D), 18,50 € (A)

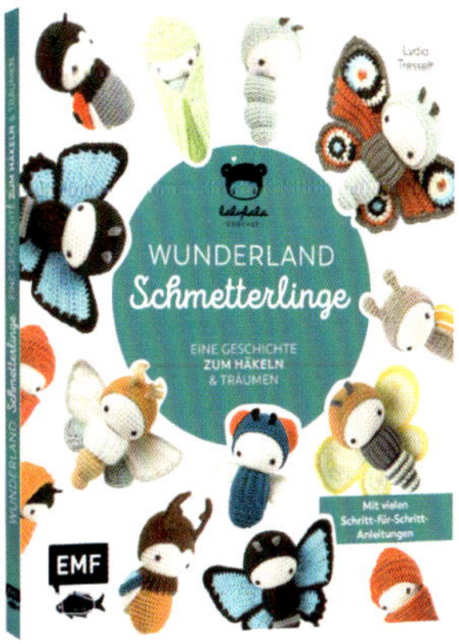

Lalylalas Wunderland der Schmetterlinge – Eine Geschichte zum Häkeln und Träumen
ISBN 978-3-96093-788-3
12,99 € (D), 13,40 € (A)

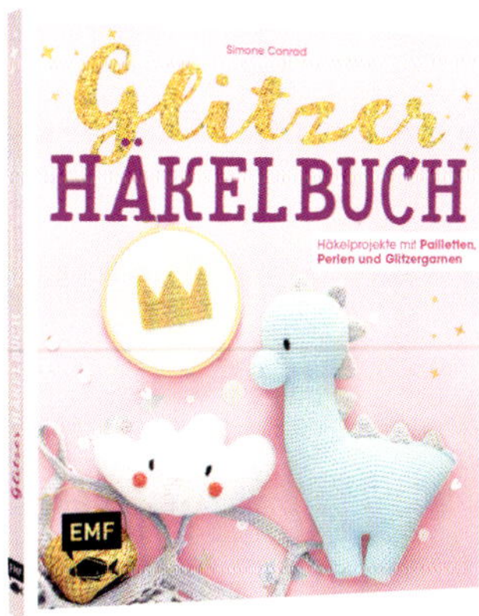

Das Glitzer-Häkelbuch – Häkelprojekte mit Pailletten, Perlen und Glitzergarnen
ISBN 978-3-96093-486-8
14,99 € (D), 15,50 € (A)

IMPRESSUM

Bibliografische Information der Deutschen Bibliothek.

Die Deutsche Bibliothek verzeichnet diese Publikation in der Deutschen Nationalbibliografie.

Detaillierte bibliografische Daten sind im Internet über http://www.dnb.de/ abrufbar.

EIN BUCH DER EDITION MICHAEL FISCHER

1. Auflage 2020

Covergestaltung: Anna Obermüller

Produktmanagerin: Saskia Reusch

Layout und Satz: Anna Obermüller

Anleitungen und Texte: Susan Gast

Fotos: Katja Schubert, SHOT FOTOGRAFIE, München (S. 26–53, S. 77), Elisabeth Berkau, Unterhaching (S. 54–70), Sylwia Gervais, Landsberg am Lech (S.75, S. 81–90)

Illustrationen: © Yuliya_P/Shutterstock, © Miceking/Shutterstock, © Bikomins/Shutterstock

ISBN 978-3-7459-0183-2

Gedruckt bei Polygraf Print, Čapajevova 44, 08001 Prešov, Slowakei

www.emf-verlag.de